Über dieses Buch

Engel-Expertin Pia Schneider lässt uns durch einfühlsame Texte die beflügelnden Kräfte unserer himmlischen Begleiter erspüren. Mit Liebe und Achtsamkeit hat sie schöne und wirkungsvolle Engel-Darstellungen aus der europäischen Malerei ausgewählt.

Sie helfen uns, unsere täglichen Aufgaben und Chancen in einem neuen Licht zu sehen. Und sie schenken uns immer wieder Vertrauen – auch in solche Lösungen, die schon auf uns warten, auch wenn wir sie noch nicht sehen. Pias Motto: Trau dich – entdecke die Kraft in dir!

Die Texte im Buch können mit den »Klassik-Engel«-Karten verwendet werden: *Siehe Hinweis auf S. 128.*
Karten legen, auch ohne Karten: Eine Seite aufschlagen – die erste Karte, die du siehst, ist deine Tageskarte – lies die Deutungen und probiere die Botschaft praktisch aus!

Über die Autorin

Pia Schneider hat am C.-G.-Jung-Institut in Zürich studiert, u. a. zum Thema Jenseitserfahrungen. Sie lebt und arbeitet als Seelsorgerin in Arhus, Dänemark.

Von Pia Schneider wurden weit über 100.000 Engel- und Orakel-Bücher verkauft. Nähere Informationen unter www.koenigsfurt-urania.com

PIA SCHNEIDER

DAS BUCH Engel KARTEN

ENTDECKE DIE KRAFT IN DIR!

KÖNIGSFURT-URANIA

Reihe *Entdecke die Kraft in dir!*
Herausgegeben von Johannes Fiebig

Hinweis: Die in diesem Buch enthaltenen Informationen und Ratschläge wurden vom Autor sorgfältig geprüft. Sie sind nicht dazu gedacht, die Beratung durch einen Arzt oder Therapeuten zu ersetzen, sofern eine solche angezeigt ist. Eine Haftung des Autors oder des Verlags ist ausgeschlossen.

Bibliographische Information der Deutschen Nationalbibliothek
Die Deutsche Nationalbibliothek verzeichnet diese Publikation in der Deutschen Nationalbibliographie; detaillierte bibliographische Daten sind im Internet über http://dnb.d-nb.de abrufbar.

FSC
www.fsc.org
MIX
Papier aus verantwortungsvollen Quellen
FSC® C014138

Überarbeitete Neuausgabe
(Texte aus dem Buch »Engel-Orakel – Liebe, Glück, Erfolg« von Pia Schneider wurden für diese Ausgabe komplett überbearbeitet, stark erweitert und neu gestaltet)
Krummwisch bei Kiel 2017

D-24796 Krummwisch
www.koenigsfurt-urania.com | www.tarot-online.com

Umschlaggestaltung: Wrage GmbH, Hamburg, unter Verwendung von Klassik-Engel-Karten
Kartenabbildungen: Klassik-Engel-Karten © für Auswahl und Zusammenstellung by Königsfurt-Urania Verlag GmbH
Redaktion und Textbearbeitung: Wrage GmbH, Hamburg
Korrektur: Marianne Glaßer
Satz und Layout: Wrage GmbH, Hamburg
Druck und Bindung: Finidr s.r.o
Printed in EU
ISBN 978-3-86826-763-1

Inhalt

Der Engel des Glaubens

Der Engel der Liebe

Der Engel des Triumphs

Der Engel der Gerechtigkeit

Der Engel der Vorsicht

Der Engel der Läuterung

Der Engel der Grenzerfahrung

Dein Schutzengel

Der Engel der Offenbarung

Der Engel der Hingabe

Der Engel der Stärke

Der Engel der Verzeihens

Der Engel der Leichtigkeit

Der Engel der Würde

Der Engel der Freude

Der Engel der Vollendung

Wenn man **ganz leise** ist und
die Augen schließt, dann spürt man seine Nähe –
den Schutzengel, der uns nie verlässt.

Klara Löwenstein

Engel

UNSERE HIMMLISCHEN HELFER

Niemand von uns ist allein auf dieser Welt, denn jeder hat ganz besondere Begleiter an seiner Seite: Engel. Viele denken bei diesem Wort wahrscheinlich zunächst an einen Schutzengel. Andere haben vielleicht einen Boten vor Augen, der uns unsere Bestimmung durch Gott näherbringt. Und wieder andere denken bei Engeln sicher einfach nur an wundervolle Wesen, die uns zum Lächeln bringen. All das ist richtig: Die Engel sind liebevoll, sie wollen uns beschützen und sie senden uns Botschaften. Doch das ist bei Weitem nicht alles – Engel können noch so viel mehr sein und möchten noch so viel mehr für uns tun.

Sie möchten uns dabei helfen, unsere Probleme zu lösen und die Fülle, die das Leben für uns bereithält, zu erkennen. Sie wünschen sich, uns endlich unser volles Potenzial und unsere Vielzahl an Möglichkeiten offenbaren zu können. Sie wollen uns von Lasten befreien, damit wir stattdessen die Leichtigkeit des Lebens spüren. Im Grunde möchten sie alles dafür tun, damit es uns gut geht.

Warum Engel für uns da sind

Für viele Menschen klingt es sonderbar, wenn jemand etwas einfach so für sie tun möchte. Da muss es doch einen Haken geben. Was erwartet derjenige als Gegenleistung? Es ist für uns normal, dass der Gebende früher oder später auch nehmen möchte. Es liegt wohl auch an dieser Denkweise, dass es vielen so schwerfällt, wirklich daran zu glauben, dass die Engel einfach nur für unser Wohlergehen da sind. Die Vorstellung klingt zwar nett, aber warum sollten sie? Es ist diese Frage, welche die Zweifel an den Engeln immer wieder nährt. Dabei ist die Antwort eigentlich ziemlich naheliegend: Es ist ihre Bestimmung. Die einzig wahre Aufgabe der Engel ist es, uns Menschen bedingungslos zu lieben, uns auf unserem Lebensweg liebevoll zu begleiten und zu fördern.

Wie eine fürsorgliche Mutter kümmern sie sich um uns, beschützen uns, unterstützen uns beim Großwerden. Sie helfen uns beim Aufstehen, wenn wir hinfallen. Sie schenken Hoffnung, wenn wir mutlos sind. Sie geben uns Rat, wenn wir auf unserem Pfad nicht mehr weiterwissen. Wie eine liebende Mutter werden sie uns stets unseren eigenen Weg gehen lassen – und doch immer für uns da sein, wenn wir sie darum bitten. Ihr sehnlichster Wunsch ist es, uns aus vollem Herzen zu unterstützen. Damit wir glücklich sind, Liebe empfangen und geben können und ein erfülltes Leben genießen. Wenn wir also wieder einmal traurig, verzweifelt oder verängstigt sind, dürfen wir uns sicher sein, dass wir diese schlimmen Momente nicht allein durchstehen.

Die Engel werden uns mit ihrer himmlischen Energie den Weg zurück zum Licht weisen. Und wenn wir auf der Suche sind – nach dem rechten Pfad in unserem Leben, dem nächsten Schritt auf unserem Weg oder unseren wahren Sehnsüchten –, so werden uns die Engel dabei helfen, unsere möglichen Optionen, besten Talente und tiefen Wünsche zu erkennen. Sie schenken uns Liebe, Wärme, Geborgenheit. Sie helfen, Wunden und Krankheiten zu heilen, und reparieren gebrochene Herzen. Sie werden zum Schutzengel, wenn Unheil droht, und erweisen sich als wundersame Helfer, wenn wir die Gipfel des Lebens erklimmen. Und wie bei einer Mutter brauchen wir auch bei den Engeln deren Intention niemals zu hinterfragen. Wir dürfen dieses wunderbare Geschenk einfach annehmen.

Wann sie sich uns offenbaren

Selbst wenn sicherlich den allermeisten Menschen die Vorstellung gefällt, dass jemand bedingungslos für sie da ist, fällt der Glaube daran einigen dennoch schwer: Aber wo sind denn meine Engel, wenn ich sie brauche? Und warum kann ich sie nicht sehen?

Die Wahrheit ist: Auch wenn wir vielleicht eine genaue Vorstellung von einem Engel vor unserem geistigen Auge haben, heißt das nicht, dass er uns auch so erscheint. Dass uns ein Engel zur Hilfe eilt, bedeutet nicht, dass eine Menschengestalt mit Flügeln vom Himmel herabschwebt. Zunächst einmal sollten wir uns bewusst machen, dass die Erscheinungsweisen der Engel sehr vielfältig sind. Mindestens genauso vielfältig wie ihre Formen der Zuwendung. Engelmedien, die über besonders ausgeprägte Sinne verfügen und dadurch sehr starke Verbindungen zu den Engeln haben, beschreiben diese

Wenn du darauf vertraust, dass ein Engel auch deinen **persönlichen Weg** begleitet, wirst du entdecken, wozu du fähig bist.

Dr. Anselm Grün

wunderbaren Wesen oft als Lichtgestalten, die auch unterschiedliche Farben haben können. Viele erscheinen ihnen eher männlich in ihrer Ausstrahlung, andere weiblich. Doch allen Beschreibungen gleich ist die Wahrnehmung einer besonders hellen, leuchtenden Energie. Die Optik – oder das, was man auf den ersten Blick zu sehen glaubt, ist tatsächlich nur ein Gerüst, hinter dem sich der wahrhaftige Engel verbirgt. Und dieser ist reine Energie. Sie ist entscheidend und sie ist es auch, die wir alle wahrnehmen können. Selbst wenn wir die Engel also vielleicht nicht direkt sehen, so können wir ihre Gegenwart, ihre Energie instinktiv spüren.

Manch einer mag den liebevollen Schutz eines Engels in einer kritischen Situation schon einmal wahrgenommen haben. Ein anderer hat vielleicht bereits himmlische Führung an Scheidepunkten des Lebens erfahren. Wieder andere sind lichtvollen Gestalten begegnet, die ihnen in einsamen Stunden Liebe und Wärme spendeten. Es gibt keine Regeln, wie uns ein Engel erscheint, wie er sich für uns anfühlt, wie wir ihn sehen. Jeder Mensch erlebt Engel ganz individuell und auf seine Weise. Die Gegenwärtigkeit unserer Engel macht sich uns deshalb auch auf verschiedensten Wegen bemerkbar und wir bemerken sie zur rechten Zeit – nämlich dann, wenn wir so weit sind.

Denn genau genommen offenbaren sich uns die Engel nicht nur in Krisensituationen. Die Engel sind immer an unserer Seite und sie senden uns fortwährend Zeichen, dass sie bei uns sind. Vielleicht hast du dich schon einmal gewundert, dass dir scheinbar zufällig immer wieder eine bestimmte Zahlenfolge begegnet? Sei dir sicher, dass das kein Zufall war, sondern deine Engel, die dir Zeichen gesendet haben.

Es scheint tatsächlich, als hätten viele Engel eine spezielle Vorliebe für Zahlenkombinationen. Besonders bei Folgen wie 111, 222 usw. lohnt es sich, aufmerksam zu sein. Wann erscheinen dir diese Zahlen? In was für einer Situation befindest du dich gerade? Auch Symbole oder Motive, auf die wir in unserem täglichen Leben immer wieder treffen,

Die **Schutzengel** des Lebens fliegen manchmal so hoch, dass wir sie nicht sehen können, aber sie schauen immer auf uns herunter.

Jean Paul Richter

sollten wir nicht achtlos an uns vorbeiziehen lassen. Es sind gerade die wiederkehrenden Dinge, mit denen die Engel versuchen, unsere Aufmerksamkeit zu erlangen. Ein weiteres beliebtes Mittel dafür sind Federn – zarte, weiche oder auch lange, kräftige –, die scheinbar unvermittelt vom Himmel zu uns herabschweben oder wie aus dem Nichts vor uns liegen. Auch sie sind ein Zeichen unserer Engel.

Doch die himmlischen Boten senden uns nicht nur visuelle Zeichen, sondern machen sich auf unterschiedlichste Arten bemerkbar. Akustische Signale gehören zum Beispiel ebenfalls zu ihrem Repertoire. Etwa ein bestimmter Song, der sehr oft genau dann gespielt wird, wenn wir das Autoradio anschalten. Viele Engel versuchen auch, über unsere Träume Kontakt zu uns aufzubauen. Ein Traum, der sich öfter wiederholt und der dir in Erinnerung bleibt, könnte ein Versuch der Engel sein, dir eine Botschaft zukommen zu lassen. Vielleicht fragst du dich jetzt, warum sie all diese Zeichen immer wieder senden? Nun, ganz einfach: Um dir helfen zu können, musst du sie zunächst darum bitten.

Die Engel wissen um den freien Willen der Menschen und respektieren ihn sehr. Das bedeutet: Sie würden niemals in unser Leben eingreifen und uns helfen, wenn wir ihnen nicht die Erlaubnis dazu geben. Auch wenn sie vielleicht genau wissen, was zu tun wäre: Solange wir sie nicht in unser Leben bitten und ihren Rat oder ihre Unterstützung erfragen, werden sie nicht aktiv. Doch weil es ihr sehnlichster Wunsch ist, uns den Weg zu einem erfüllten Leben zu ebnen, werden sie nicht müde, uns Signale ihrer Anwesenheit zu senden.

Sie warten auf uns und wollen uns mit ihren Zeichen sagen, dass sie bei uns sind und bereitstehen, um uns behilflich zu sein. Sie werfen uns quasi immer wieder Spielbälle zu. Doch nur wir können entscheiden, ob wir den Ball aufnehmen und zurückwerfen. Nur wir können die Beziehung zu unseren Engeln intensivieren und nur wir können entscheiden, sie ganz in unser Leben zu lassen und ihre führende Hand anzunehmen. Und wenn für uns dieser Moment gekommen ist und wir den Kontakt zu ihnen aufbauen, dann werden sie für uns da sein.

Wie können wir den Kontakt zu Engeln aufnehmen?

Womöglich stellst du dir jetzt die Frage, wie du denn den Kontakt zu den Engeln herstellen kannst? Hierfür stehen dir viele Möglichkeiten zur Verfügung. Du kannst dich in einem Gebet an sie wenden oder in einem Brief. Du kannst dich über die Befragung von Engel- oder Orakelkarten an sie wenden. Du kannst auch einfach in Gedanken zu ihnen sprechen oder laut sagen, was dich bedrückt und wo du dir Hilfe wünschst. Du kannst sogar morgens unter der Dusche sagen: »Liebe Engel, bitte helft mir bei …« oder »Danke, dass ihr mir bei … helft.«. Die Engel werden darüber ganz bestimmt nicht lachen, sondern sich freuen, dass du die Verbindung zu ihnen suchst. Mache dir einfach bewusst, dass deine Engel dich schon dein ganzes Leben lang begleiten – womöglich sogar schon viele

Leben davor – und dir immer zur Seite standen. Sie werden also ganz bestimmt nicht verschwinden, weil ihnen die Art deiner Kontaktaufnahme nicht gefällt. Es spielt für sie keine Rolle, wie wir um Hilfe bitten. Wichtig ist, dass wir es tun.

Es gibt nur eine Sache, die wir dabei beachten sollten: Wir können die Engel immer um Unterstützung bitten, aber sie entscheiden, auf welche Weise sie uns diese gewähren. Doch wir können voll darauf vertrauen, dass die Hilfe auf dem für uns richtigen Weg geschieht. Wenn wir uns zum Beispiel nach einer neuen Liebe und einer erfüllenden Partnerschaft sehnen, könnten wir etwa folgendermaßen um Unterstützung bitten: »Liebe Engel, ich wünsche mir einen Partner, der mich liebt, wie ich bin, und den ich lieben kann, wie er ist. Bitte helft mir dabei, diesen Menschen zu finden. Danke!« Sei sicher: Die Engel werden helfen. Doch das Wie entscheiden sie.

Wenn wir hingegen sagen würden: »Liebe Engel, ich sehne mich nach einer erfüllten Partnerschaft mit Person XY. Bitte macht, dass sich dieser Mensch in mich verliebt.« Dann wird dieser Wunsch womöglich unerfüllt bleiben. Zum einen, weil die Engel den freien Willen jedes Menschen respektieren, auch den von Person XY. Sie werden also nicht »machen«, dass sich diese Person verliebt. Zum anderen wissen sie vielleicht bereits, dass unser Wunsch nach einer erfüllten Partnerschaft auf anderem Weg (und mit einer anderen Person) viel eher in Erfüllung gehen kann.

Wir können die Engel in so ziemlich jedem Bereich unseres Lebens um Hilfe bitten – bei Beziehungen, Freundschaften, Beruf, Kinderwunsch und sogar bei finanziellen Angelegenheiten. Wir müssen nur für den Ausgang offen bleiben, dann dürfen wir mit den tollsten Überraschungen rechnen. Denn die Engel werden uns helfen, aber sie werden es auf dem Weg tun, der ihnen richtig erscheint.

Wie sieht die Hilfe der Engel aus?

Sobald du die Engel um Rat oder Unterstützung gebeten hast, kannst du dir sicher sein, dass sie aktiv werden. Womöglich waren sie das vorher schon, weil sie gespürt haben, dass du sie brauchst. Doch selbst wenn die Engel sich immer und sofort um unsere Probleme und unser Wohlergehen kümmern, heißt das nicht, dass wir auch unmittelbar die Wirkung zu spüren bekommen.

Die Engel können nicht mit den Fingern schnipsen und so Situationen ändern, etwas ungeschehen machen oder Probleme in Luft auflösen. Die Engel arbeiten eher zukunftsorientiert und haben einen langfristigen Plan. Und es kann sein, dass sich dieser Plan in einzelne Zwischenschritte aufgliedert. Schritte, die dir zunächst eventuell nicht einmal als Teil der Lösung deines Problems erscheinen. Oder als wichtige Etappe auf dem Weg zu deinem Ziel. Auch hier heißt es: Habe Vertrauen und lasse dich auf die himmlische Führung durch die Engel ein. Sie werden dich führen und sie werden dafür sorgen, dass sich am Ende für dich alles zum Besten wendet. Doch ohne dich und deine Mithilfe geht es nicht. Wenn du also die Engel um Unterstützung, um Führung gebeten hast, dann achte danach auf Zeichen von ihnen. Es sind Botschaften, die dich voranbringen werden bei deinem Wunsch oder Problem. Diese Botschaften können zum Beispiel sich wiederholende Gedanken, Gefühle, Visionen oder Ideen sein, die dich zu bestimmten Aktivitäten anleiten.

Du könntest auf einmal das Bedürfnis verspüren, ein bestimmtes Buch oder eine bestimmte Zeitschrift zu lesen. Oder einen Kurs zu besuchen, einer speziellen Gruppe beizutreten oder eine ganz bestimmte Person anzurufen. Es kann auch sein, dass in dir der Wunsch wächst, eine Reise zu unternehmen, deine Ernährung zu verändern, in eine neue Gegend zu ziehen oder dich emotionaler Heilungsarbeit zu widmen. Manchmal sprechen die Engel auch durch andere Menschen zu uns und wir hören dann von verschiedenen Personen ähnliche Aussagen oder Tipps.

Wenn uns zum Beispiel mehrere Leute erzählen, dass ein bestimmtes Theaterstück ganz toll ist oder wir uns unbedingt mal mit einem bestimmten Lehrer unterhalten sollten: All das können Botschaften der Engel sein, die dich damit in eine ganz bestimmte Richtung lenken wollen. Es lohnt sich also immer, solchen Zeichen, Ideen oder Gefühlen besondere Aufmerksamkeit zu schenken und sie nicht einfach beiseitezuschieben. Auch wenn uns der Sinn vielleicht nicht gleich klar erscheint, kann dies genau der richtige Startschuss sein, den wir brauchen. Denn Führung fokussiert sich immer auf Handlungsschritte, die sofort notwendig sind, um unsere Zukunft zu verbessern. Wir werden in Etappen zu unserer Lösung oder unserer Antwort gelangen. Manchmal ist also etwas Geduld gefragt, um das Endresultat zu erkennen. Und natürlich sollten wir auch die Schritte befolgen, die uns die Engel anbieten – denn wie schon gesagt: Ohne uns geht es nicht. Nur wenn wir aktiv werden, können unsere Wünsche in Erfüllung gehen.

Engel sind reine **Gedanken Gottes**,
beflügelt von Wahrheit und Liebe.

Mary Baker Eddy

Um bei dem Beispiel mit der neuen Liebe zu bleiben: Wenn wir uns nach einer neuen Liebe und einer erfüllenden Partnerschaft sehnen, werden wir von den Engeln Botschaften erhalten, wie wir diese finden können. Die neue Liebe wird nicht am nächsten Morgen plötzlich auf unserem Sofa sitzen. Aber vielleicht werden wir auf einmal wiederholt den Wunsch verspüren, ein bestimmtes Theaterstück zu besuchen. Womöglich wird dann dort neben uns ein interessanter Mensch sitzen, bei dem wir das Bedürfnis verspüren, mit ihm ins Gespräch zu kommen. Und genau das könnte dann schon der Mensch sein, nach dem wir uns gesehnt haben.

Es kann übrigens auch sein, dass die Engel uns zunächst dabei helfen werden, unsere eigenen Blockaden und Ängste aufzulösen. Weil sie wissen, dass wir erst dann bereit sind, uns für die Liebe wirklich öffnen zu können. Wundere dich also nicht, wenn du nicht gleich deinem Traummenschen begegnest, sondern erst einmal dir selbst. Die Engel haben deinen Wunsch ganz bestimmt nicht vergessen, aber sie werden dich Schritt für Schritt und in dem für dich richtigen Tempo zum Ziel führen.

Was wir außerdem von Engeln lernen können

Optimierung ist ein charakteristisches Wort für unsere heutige Zeit. Wir wissen, dass alles einem ständigen Wandel unterliegt, und suchen nach immer besseren Lösungen, immer optimaleren Zuständen. Dabei machen wir auch vor uns selbst nicht halt. Wir verwenden viel Zeit darauf, uns zu verbessern – wir lernen, studieren, probieren. Manches lernen wir bereits als Kind ziemlich gründlich und systematisch, zum Beispiel Mathe und Englisch. Doch andere Dinge wiederum lernen wir nicht so selbstverständlich – obwohl sie ebenso wesentlich sind. Zum Beispiel Liebe und Glück. Wie viel Zeit verwenden wir darauf, uns im Glücklichsein zu üben und die Liebe zu ergründen? Ein merkwürdiges Missverhältnis ist das: Gerade die Dinge, die persönlich wirklich wichtig sind, lernen wir nur, wenn wir uns selbst darum kümmern. Viele Menschen beschäftigen sich aber mit diesen wichtigen Lebensthemen überhaupt nur dann und so lange, wie sie in einer Krise sind.

In diesem Punkt sind die Engel anders. Ihnen ist genau an den Dingen gelegen, die wir nicht in der Schule oder im Studium lernen – etwa Glück, Selbstliebe, Achtsamkeit. Hier möchten sie uns besonders unterstützen, unser Leben bereichern. Sie unterscheiden sich aber auch in der Ausdauer ihres Bestrebens: Die Engel werden uns hierbei nicht nur behilflich sein, wenn es uns schlecht geht und wir uns in einer Krise befinden. Sie werden immer zur Stelle sein. Ihre Botschaft dabei ist eindeutig: Löse nicht nur aktuelle Probleme, sondern erforsche deine größeren Möglichkeiten und nutze sie. Die Engel wünschen sich, dass du ein großes Leben lebst. Dass du nicht nur in Krisen oder zu seltenen Anlässen mal über deine Lebenschancen nachdenkst. Dass du dich, zumindest genauso intensiv und so ausdauernd, wie du Englisch lernst, mit den Geheimnissen von Liebe, Glück und Erfolg beschäftigst. Und so die Fülle des Lebens genießen und dein volles Potenzial entfalten kannst.

ÜBER DAS

alte Wissen

IN DEN ENGELKARTEN

Die Herkunft der Engel – Wie wir uns Engel vorstellen

Es liegt wohl in der Natur des Menschen, dass wir uns von denjenigen, die uns so unermüdlich unterstützen, gerne ein Bild machen und ihre Charaktere ergründen möchten. Woher kommen diese Wesen, wie mögen sie wohl aussehen, welche Besonderheiten werden sie haben? Diese Frage beschäftigt uns Menschen bereits seit Hunderten von Jahren.
Oft und gerne stellen wir uns die Engel als Boten vor, als Brücke zwischen Himmel und Erde. Als himmlische Wesen in menschenähnlicher Gestalt, die zwischen Oben und Unten vermitteln. Diese Vorstellung entstammt den Urbildern mythischen Denkens und findet sich bereits in frühen Beispielen der menschlichen Geschichte.

Tatsächlich entstammt sogar das Wort »Engel« selbst dieser Vorstellung: Es leitet sich von dem griechischen Wort »angelos« ab, das übersetzt so viel wie »Bote« oder »Gesandter« bedeutet. Auch dieses Wort entstammt einer Übersetzung – nämlich der des hebräischen mal'ach und des arabischen Malaika. Beides bedeutet ebenfalls »Bote« und steht in vielen Religionen für ein Wesen, das Gott oder den Göttern zur Seite steht, aber von ihm bzw. ihnen unterschieden wird.

Um die Herkunft dieser Namen und die Vorstellung eines Boten zu verstehen, muss man sich zunächst vor Augen führen, wie die Menschen damals das Reich Gottes bzw. der Götter angesehen haben. Sie verglichen es mit dem Hofstaat eines Königs und wie ein König würde auch Gott nicht direkt mit dem Volk in Kontakt treten, sondern über Vermittler – Boten. Sie sollten in den Augen der Menschen das Bindeglied zwischen Gott und dem Volk sein, seine Botschaften überbringen und seinen Willen ausführen. Auch göttliche Führung sollte uns demnach durch die Engel widerfahren.

Entsprechend dieses Glaubens gab es bei den alten Griechen zum Beispiel den Götterboten Hermes, der die himmlischen Nachrichten vom Olymp auf die Erde brachte. Die Römer wiederum glaubten, dass jeder Mensch einen Schutzgeist hat, der ihn durch sein Leben führt. Dieser antike Vorläufer des Schutzengels wurde im alten Rom Genius genannt. Und auf Relikten aus Babylon, Assyrien und dem alten Sumer finden sich Hinweise auf Keruben, gewaltige, feierlich-ernste Schutzgeister. Sie sind Wächter des himmlischen und irdischen Heiligtums, Mittler zwischen den Welten und Fürbitter der Menschen vor den großen Göttern. Oft werden sie als älteste Engeldarstellungen und überhaupt als Vorbilder der jüdischen und christlichen Seraphim bezeichnet.

Eine spezielle Variante dieser himmlischen Helfer aus ältesten Zeiten ist der Psychopompos (griechisch: Seelenführer). Dieser war zugleich Vorläufer des Schutzengels und des Todesengels. Er begleitete die Seelen auf ihrer Reise durch die Nacht des Todes zur Wiedergeburt am Tage. Ein berühmter Vertreter dieser Seelenführer war auch der ägyptische Anubis, der auch Hermanubis (eine Mischform aus Hermes und Anubis) genannt wurde. Bereits damals, zu Zeiten der Griechen und Römer – ja, sogar im alten Orient – wurden all diese Himmelsboten in der Kunst oft mit Flügeln dargestellt. Manchmal als Mischwesen aus Mensch und Tier, sehr oft aber auch als geflügelte Menschengestalten. Es mag eine Form sein, in der die Engel uns erscheinen, doch ist es gewiss nicht die einzige.

Denn so vielfältig wie die Art ihrer Zuwendung ist, sind auch ihr Auftreten und ihr Erscheinungsbild. Sie können ermunternde, aber auch warnende Geschöpfe sein, verkündende, schützende, mahnende, stärkende, seelenbegleitende, aber auch verführende Wesen. Und ihre konkrete Gestalt kann ebenfalls sehr unterschiedlich ausfallen, sie mögen Flügel haben oder auch keine – gemeinsam ist allen Engelvarianten lediglich, dass sie nicht immer, aber doch meistens als Lichtgestalten von starker Helligkeit und unwirklichem Glanz auftreten.

Eine Frage des Glaubens? – Religiöse Einblicke

Unsere optische Vorstellung der Engel hat sich bis heute nicht großartig verändert– denken wir an Engel, stellen sich die meisten von uns freundliche, geflügelte Wesen vor. Doch ihr Bezug zur Religion hat über die Jahrhunderte hinweg große Wandlungen erfahren.

Bereits in der Bibel werden Engel an vielen Stellen erwähnt – vom ersten Buch des Alten Testaments bis zum letzten Buch des Neuen Testaments berichten die Evangelisten immer

Jeder Mensch hat **seinen Engel**.

Rudolf Steiner

wieder von ihnen. Dabei erscheinen sie nicht nur als Randfiguren, sondern greifen in das irdische Geschehen aktiv ein. Sie verkünden, überbringen oder erklären himmlische Visionen. Sie erscheinen in Träumen, sie mahnen, erlösen aus Schwierigkeiten und befreien aus Gefangenschaften.

Die wohl wichtigste Schrift des Christentums über Engel erschien im Jahr 500 n. Chr. und wurde wahrscheinlich von Dionysos Areopagita verfasst. Sie war eine Art frühe Esoterik, eine Geheimlehre, in deren Mittelpunkt die himmlischen Heerscharen mit ihren Hierarchien und Engelwesenheiten standen. Selbst wenn die historische Existenz von Dionysos Areopagita inzwischen umstritten ist, so inspirierten die Schriften dennoch zu vielen Zeiten große christliche Heilige wie Hildegard von Bingen, Bernhard von Clairvaux, Bonaventura oder Thomas von Aquin.

Doch die Christen sind zu der Zeit nicht die Einzigen, die über Engel berichten. Auch in bedeutenden Schriftstücken anderer Religionen finden sich immer wieder Hinweise auf Engel. Der Islam weist dabei viele Parallelen zu den christlich-abendländischen Engel-Vorstellungen auf. Dort werden die Boten, wie bereits erwähnt, Malaika genannt. Und genau dieses Wort kommt recht häufig im Koran vor. Der Überlieferung nach wurde der Koran, die heilige Schrift des Islam, dem Propheten Mohammed vom Engel Gabriel diktiert.

In den heiligen Schriften des Hinduismus finden die Engel ebenfalls Erwähnung. Dort heißen sie Devta oder Devars. Sie erhöhen das Bewusstsein der Menschen und bringen dadurch Heiterkeit, Freude, Liebe, Schönheit, Ausgelassenheit und Gelassenheit, Unbeschwertheit und Furchtlosigkeit mit sich.

Der tibetische Buddhismus kennt dagegen Dakinis und Dakas. Eine Dakini (Sanskrit: Himmelstänzerin) ist ein tantrisches Geistwesen des antiken Indiens, welches nach der Mythologie die Seelen der Toten in den Himmel bringt. Die Dakini ist ein weibliches Wesen

Was der Menschheit unmöglich ist,
vermag **die Macht** und die Kraft
der Engel zu vollbringen.

Joseph Glanvill

mit einem sehr wandelbaren, teils auch wilden Temperament. Ihr männliches Pendant ist der Daka. Dakinis können mit Elfen und Engeln verglichen werden, haben im Gegensatz zu diesen jedoch ein erschreckendes Erscheinungsbild. Sie repräsentieren Ermutigung und Prüfung auf dem spirituellen Weg.

Irdische Engel

Vor allem in der christlich geprägten Bevölkerung nahm das Interesse an den Engeln mit der Zeit immer mehr zu. Um das 16./17. Jahrhundert drangen die Schutzengel im Zuge der Gegenreformation immer tiefer in die irdischen Gefühle ein. In den katholischen Kirchen nahm die Engelverehrung mitunter gigantische Ausmaße an. Im 19. Jahrhundert entfernten sich die Engel dann in Europa immer mehr von ihrer kirchlich-sakralen Herkunft und wurden mehr und mehr als weltliches Motiv beliebt. Engel fanden auf Tellern, Bildern und Wandtafeln einen geradezu inflationären Eingang in den Alltag und bevölkerten als Grabplastiken die Friedhöfe. Es folgte eine regelrechte Schutzengel-Manie …

Und es kam, was kommen musste: Nach dieser Überdosis waren Engel plötzlich verpönt. In der ersten Hälfte des 20. Jahrhunderts galten sie oftmals als Kitsch und wurden in der Kunst wie auch im Alltagsleben diskreditiert. Dieser Trend hielt bis spät in die 1980er Jahre an. Und heute? Heute werden Engel wieder verehrt, angebetet und angerufen. Interessanterweise erleben wir heute wieder ein riesiges Interesse an den Engeln – zu einer Zeit, in der sich die etablierten Kirchen in der westlichen Welt eher auf dem Rückzug befinden. Die Engel haben sich vom Glauben an eine Religion losgelöst. Der Glaube an Engel ist auch denjenigen gegeben, die nicht an Gott glauben und keiner Religion angehören. Womöglich sind die Engel damit endlich dort angekommen, wo sie hingehören, und werden nun ganz als das angesehen, was sie sind: himmlische Helfer, deren Aufgabe es nicht ist, eine Religion zu vertreten, sondern uns zu unterstützen.

ENGEL IN DER Kunst

Interessanterweise lässt sich die eben beschriebene Entwicklung unserer Wahrnehmung von Engeln auch sehr gut im Verlauf der Kunstgeschichte wiedererkennen. Zwar gab es Darstellungen von Engeln bereits zu Zeiten der alten Ägypter oder Griechen, aber ihre Erscheinung änderte sich im Zuge der Jahrhunderte und wurde auch immer wieder zeitgenössischen Idealen angepasst. Neben unserer Vorstellung von Engeln und ihrer (religiösen) Bedeutung für uns spielte dabei allerdings auch die Entwicklung in der Kunst eine tragende Rolle. Besonders ab dem Mittelalter lässt sich diese Veränderung sehr gut beobachten. Die Kirche und mit ihr der Glaube werden immer bedeutsamer, die Menschen setzen sich bewusst mit beidem auseinander. Gleichzeitig verzeichnet die darstellende Kunst große Fortschritte, es kommen neue Techniken, Farben und Methoden auf. Während dieser Blütephase – von der Gotik bis zur Barockzeit – entstehen zahlreiche Kunstwerke mit Engelmotiven von herausragenden Künstlern wie Leonardo da Vinci, Raffael, Botticelli oder Giotto, die bis heute unser Bild von Engeln prägen.

Mittelalter – Gotik (12. bis 16. Jahrhundert)

Anfangs wurden Engel nur männlich dargestellt. In Kunstwerken des Mittelalters erschienen sie meist als hoheitsvolle Gestalten mit erhabenen Charakterzügen. Sie waren zwar in der Regel nur Nebendarsteller christlicher Motive, doch in ihren Zügen majestätisch und von weltumspannender Größe. Diese Art der Darstellung wird auch durch die damals charakteristischen Merkmale gotischer Malerei begünstigt: Gerade die frühe und mittlere Phase der Gotik widmete sich ganz der Bedeutungsmalerei, bei der nicht die naturalistische Darstellung von Personen oder die räumliche Perspektive im Vordergrund stand, sondern die Anordnung, Proportionierung und Farbgebung nach religiösem Sinngehalt. Typisch sind prachtvolle Gewänder, mächtige Schwingen und ein Heiligenschein, der die Lichtgestalt der Engel verdeutlichen soll.

In Italien verkörperte Simone Martini (1284–1344) diese Form der Gotik in ihrem reinsten Stil. Er malte zahlreiche Fresken, Tafel- und Altarbilder und wurde auf Wunsch von Papst Benedikt XII. päpstlicher Hofmaler. Wie bei seinem Werk »Verkündigung« (Karte 7) gut erkennbar, weisen seine Figuren eine gewisse Unnahbarkeit auf, eine üppige Darstellung des Faltenwurfs im Gewand und wirken oft beinahe schwebend.

Ein zweiter wichtiger Vertreter der Gotik in Italien, nämlich Giotto di Bondone (1267–1337), konzentrierte sich ebenfalls mit Vorliebe auf Werke mit religiöser Thematik, vor allem Altarbilder und Fresken. Eines seiner bekanntesten Werke ist der große Freskenzyklus mit Szenen aus dem Leben der Jungfrau Maria und Christi in der »Arenakapelle« (Padua), dem auch die Motive der Karten 1, 27, 30 und 31 entnommen sind. Allerdings bemühte er sich darum, alle Elemente eines Bildes zu einer stimmigen Einheit zusammenzufügen, was einen wesentlichen Fortschritt der Malerei bedeutete. Ihn interessierten der menschliche Ausdruck und seine Gestik und so brachen seine Szenen mit der strengen Stilisierung und stellten die Figuren erstmals in ihrer ganzen Körperlichkeit dar. Er wandte sich ab von archetypischen Idealen und ging zu einer realistischeren, an der Beobachtung der Natur orientierten Darstellungsform über. Er war dabei so herausragend, dass er, obwohl eindeutig der Gotik zugehörig, oft auch als Wegweiser der Renaissance bezeichnet wird.

Als sich die Phase der Gotik dem Ende zuneigte, sich das Lebensgefühl der abendländischen Kultur zu verändern begann und die Frührenaissance sich ankündigte, tauchten erstmals auch die Putten (italienisch »putto«: kleiner Junge) auf, die in Aussehen und Bewegung unbeschwert wie kleine Kinder erscheinen. Donatello (1386–1466) war wahrscheinlich der erste Künstler, der das Motiv der kindlichen und fröhlichen Engel aufgenommen hat.

Renaissance (15. bis 17. Jahrhundert)

Auch aus der Epoche der Renaissance sind viele der Gemälde Altarbilder und Fresken religiösen Inhalts, die für Kirchen gemalt wurden. Die religiöse Gestalt wurde jedoch gerne vermenschlicht, indem sie in einer irdischen Umgebung dargestellt wurde. Gerade auf Bildern mit vielen Figuren erscheinen Personen oft in der Alltagskleidung des Renaissancezeitalters. Die Engel wurden aber nicht nur zunehmend menschlicher, sondern auch vielfältiger dargestellt: Neben den Putten, die während dieser Epoche verstärkt Einzug in die Kunst halten, entstehen auch zahlreiche andere Varianten von Engeln. Viele Künstler

Ein Engel ist ein **Gedanke Gottes**.

Meister Eckhart

entwickeln eigene Typen, die sich deutlich voneinander unterscheiden. Rückblickend kann die Renaissance sogar als eine Blütezeit der Engel-Darstellung betrachtet werden. Auch die Bildmotive ändern sich. Während der Gotik war es vor allem die Szene des Jüngsten Gerichts, an der die Engel teilnehmen durften. Die Renaissance ruft neue Rollen für die Engel auf den Spielplan, etwa als Darsteller in der Verkündigung oder als Begleiter der Madonna mit Kind.

Die neue Vorliebe für die Verkündigungsszene kann auch als Zeichen dafür verstanden werden, wie sich das Interesse der Menschen verschoben hat. Von der Hoheit Gottes und dem drohenden Jüngsten Gericht verlagert es sich zum Menschen – zu Maria, der ein Engel die Geburt Jesu verkündet. Das Individuum wird wieder wichtiger, das Leben gewinnt an Freude und Leichtigkeit. Diese neuen Szenen und die Art, in der sie dargestellt werden, spiegeln aber auch wider, wie sich langsam die Vorstellung der Menschen von den himmlischen Heerscharen ändert. Aus den ernsthaften Dienern Gottes werden lebensfrohe Putten, welche die heiligen Szenen fortan wie ein lustiger Chor lebendiger Kinder umspielen.

Allein auf den italienischen Maler Fra Angelico (ca. 1386–1455), einen Vertreter der Frührenaissance, gehen zahlreiche derartige ikonografische Innovationen zurück – so hat er sich beispielsweise als Erster das Paradies als einen Engelreigen im Blumengarten vorgestellt. Auch er widmete sich bereits in der frühen Phase der Renaissance mit Hingabe und viel Liebe zum Detail der Verkündigung und der Maria mit ihrem Kind (zu sehen z. B. auf den Karten 4, 11 und 21). Immer stellte er dabei die Engel als zarte, empfindsame und doch geradezu unverletzbare Wesen dar. Auch dieser Art seiner Darstellung hat er es sicherlich zu verdanken, dass er wohl bereits zu Lebzeiten »der Selige« und »der Engelsgleiche« genannt wurde. Giorgio Vasari, der »Vater der Kunstgeschichte«, schrieb über ihn sogar, dass er Figuren gemalt habe, die er vom Paradies geholt haben müsse. Und dass er dafür Farben verwendet habe, die so leuchteten, als seien sie von der Hand eines Heiligen oder eines Engels vollführt worden. Wen wundert es da noch, dass Papst Johannes Paul II. ihn 1982 selig sprach und ihn zum Schutzpatron der Maler erhob?

Zwar ist Fra Angelico der einzige heilige Künstler, doch brachten es andere Vertreter der Renaissance zu mindestens ebenso viel Ruhm. Drei der bedeutendsten von ihnen sind Leonardo da Vinci (1452–1519), Raffael (1483–1520) und Botticelli (1445–1510). Alle drei lebten ungefähr zur gleichen Zeit, da Vinci und Botticelli arbeiteten sogar eine Zeitlang gemeinsam, und dennoch sind sie uns aufgrund ganz unterschiedlicher Werke in Erinnerung geblieben. Raffael malte in seinem kurzen Leben zahlreiche Meisterwerke und brachte durch seine deutliche perspektivische Tiefenstaffelung die Kunstentwicklung einen großen Schritt voran – und hat es doch vor allem zwei kleinen Engeln zu verdanken, dass seine Kunst nie in Vergessenheit geraten ist. Diese zwei kleinen, verträumt schauenden Engel finden wir weltweit auf unzähligen Kunstdrucken, Dekoartikeln und Haushaltswaren wieder. Aber den wenigsten dürfte bekannt sein, dass es sich bei dem Motiv eigentlich nur um einen kleinen Ausschnitt eines der berühmtesten Gemälde der Kunstgeschichte handelt: die Sixtinische Madonna.

Der von Raffael gemalte Engel auf Karte 10 ist zwar nicht ganz so berühmt wie die zwei eben erwähnten, weist aber ebenso klassische Stilmerkmale der Renaissance auf. So legte Raffael hier sein Augenmerk besonders auf die Anatomie, die Genauigkeit der Bewegungen und der Proportionen, um die körperliche Vollkommenheit auszudrücken. Auch dass der Engel nackt ist, ist nicht untypisch: Nacktheit stand symbolisch für die Unschuld, weil sie als natürlich empfunden wurde und so ursprüngliche Schönheit ausdrückte.

Da Vinci interessierte sich ebenfalls sehr für die Anatomie des Menschen; genauestens studierte er Muskelzüge, Bewegungsabläufe und Proportionen. Wohl die allermeisten kennen seine Zeichnung »Der vitruvianische Mensch«, die er anhand von Proportionsstudien gefertigt hat. Auch wenn es eines der bekanntesten Bilder von da Vinci sein mag, war es längst nicht das einzige. Auch er fertigte eine Vielzahl großartiger Gemälde an – viele von ihnen mit religiösen Themen wie dem Abendmahl oder der Verkündigung (ein Ausschnitt davon ist auf Karte 20 zu sehen). Jedoch ist da Vinci uns nicht allein aufgrund seiner Bilder in Erinnerung geblieben, sondern auch dank seiner genauen Beobachtungen und Studien sowie seiner Ingenieurskunst. Heute gilt er zu Recht als einer der berühmtesten Universalgelehrten aller Zeiten.

Botticelli, mit dem da Vinci eine Zeitlang gemeinsam in Florenz arbeitete, galt zu seiner Zeit ebenfalls als einer der herausragenden Maler und Zeichner in Italien. Vor allem seine Porträtkunst wurde sehr geschätzt – unter anderem von der damals sehr mächtigen Familie der Medici. Sie gehörte neben dem Vatikan auch zu seinen Hauptauftraggebern. Neben Auftragsporträts widmete er sich religiösen Themen wie der Trinität mit Maria Magdalena, Johannes dem Täufer und Tobias mit dem Engel (Karte 19). Auch er stellte die

Der **Wunsch unseres Schutzengels**,
uns zu helfen, ist weit größer als der Wunsch,
den wir haben, uns von ihm helfen zu lassen.

Don Bosco

Verkündigung mit wunderschönen Engeln dar (Karte 28) und beschäftigte sich intensiv mit Madonnenbildnissen. Neben diesen religiösen Szenen interessierten ihn aber auch – wie es für die Renaissance ebenfalls typisch war – antike Geschichten und mythische Götter- und Heldensagen. Auch wenn seine Bekanntheit damals im Alter abnahm, dank seines wohl berühmtesten Werkes »Die Geburt der Venus« ist er bei uns bis heute unvergessen.

Barock (Mitte 16. bis Mitte 18. Jahrhundert)

Auf den ersten Blick erscheint das Barockzeitalter etwas widersprüchlich: Obwohl die künstlerische Tätigkeit von vielen als ein von Regeln geleitetes, fast schon mechanisches Handwerk verstanden wurde, zahlreiche künstlerische Regelwerke und Gebrauchsanweisungen zur Produktion von Kunstwerken entstanden, kultivierte der Barock die Sinnenfreuden wie keine Epoche zuvor! Nicht nur in der Architektur, Literatur und im Theater machte sich das bemerkbar, sondern eben auch bei den Malern.

Die naturgetreue Darstellung trat – anders als noch zur Renaissance – wieder etwas in den Hintergrund. Kunst sollte der Kommunikation zwischen den Menschen und mit Gott dienen, nicht mehr nur der möglichst getreuen Abbildung der Natur. Das Barockzeitalter war das Zeitalter der Fantasie und des Selbstausdrucks. Engel wurden zwar immer noch prachtvoll dargestellt, allerdings wurden die Einflüsse hellenistischer und byzantinischer Vorbilder größer. So vermischten sich beispielsweise Engelmotive mit der Art, wie schon in der Antike der Liebesgott Amor abgebildet wurde. Und die Putten, die kleinen, fröhlichen Kinderengel, gewinnen sogar noch mehr an Popularität: Aus Darstellungen von religiösen oder mythischen Themen scheinen sie während des Barocks kaum wegzudenken. Auch Giovanni Battista Tiepolo (1696–1770), einer der späten Vertreter des Barock, hatte eine Vorliebe für diese kleinen Wesen. Er bereicherte eine Vielzahl seiner Gemälde mit Putten und Amoretten. Dabei beschränkte er sich allerdings – wie für den Barock typisch – nicht nur auf religiöse Motive (wie etwa bei Karte 23), sondern bediente sich gerne auch außerordentlicher Geschehnisse, beispielsweise Heldenepen, Historien, Opernszenen oder Götterfesten. Der Triumph und der Ruhm sind große Zentralthemen des Barocks und kommen auch bei Tiepolo zum Ausdruck. Seine Werke waren meist ausgearbeitete Erzählungen, die in ihrer Schönheit, Feierlichkeit und üppigen, aber dennoch sensiblen Darstellung die Sinne verzaubern und die Menschen geistig erheben sollten.

Nach dieser letzten fantasiereichen Phase wurde es im Kunstgeschehen langsam ruhiger um die Engel. Durch den Einfluss des Zeitalters der Aufklärung nahm ihre Gegenwart in Motiven zunächst ab, die Engel hatten eine kleine Verschnaufpause. Erst im 19. Jahrhundert, als sie sich in Europa immer mehr von ihrer kirchlich-sakralen Herkunft entfernten, kehrten sie zurück und wurden jetzt als weltliches Motiv beliebt. Allerdings finden sich jetzt anstelle der traditionellen Darstellung von Knaben, Jünglingen oder Männern immer häufiger weibliche Engelsdarstellungen in der Kunst.

SO WIRD'S *gemacht*

Wie zuvor bereits beschrieben, gibt es zahlreiche Möglichkeiten für uns, mit den Engeln in Kontakt zu treten. Jede von ihnen ist hilfreich. Und jede von ihnen wird dazu führen, dass die Engel uns Botschaften senden, die uns auf unserem Weg voranbringen und uns bei der Lösung unserer Probleme helfen können. Allerdings sind beim Empfangen und Erkennen der Botschaften auch wir gefragt. Nur wenn wir die Zeichen der Engel wahrnehmen und ihre Führung annehmen, können sie uns auch helfen. Was aber, wenn wir nicht sicher sind, ob wir Zeichen von den Engeln erhalten? Und wenn wir unschlüssig sind, wie wir ihre Botschaften zu deuten haben? Oder wenn wir einmal schnell um den Rat und die Hilfe der Engel bitten müssen? Genau hier kann uns das Engelorakel auf einfache, aber wertvolle Weise unterstützen. Zum einen ermöglichen die Karten des Orakels es uns, die Botschaften direkt zu empfangen – wir wenden uns durch sie an die Engel und erhalten sofort eine Rückmeldung von ihnen. Wir müssen nicht warten und wir können uns sicher sein, dass in dem, was die Karten uns mitteilen, eine Botschaft der Engel steckt. Doch das Engelorakel tut noch mehr für uns: Es erleichtert uns zusätzlich die Deutung der Engelbotschaften. Mit den Karten, die wir legen, erhalten wir recht klare Zeichen und können so schnell Klarheit über die nächsten Schritte gewinnen.

Das Engelorakel kann also als ein Kommunikationsinstrument zwischen uns und den Engeln betrachtet werden. Es vereinfacht für uns die Kontaktaufnahme, ermöglicht es den Engeln, direkt ihre Botschaften zu senden, und erleichtert uns wiederum das Verständnis jener Botschaften.

Das Engelorakel: Ein Füllhorn an Möglichkeiten

Sobald du den Kontakt zu den Engeln aufnimmst, werden sie darauf reagieren. Sie werden dich nie im Stich lassen, sondern immer für dich da sein, um zu schlichten, zu helfen, zu ermutigen, zu heilen, zu handeln – und so Glück, Liebe und Freude zu schenken. Die Engel werden nie etwas Nachteiliges für dich tun, sie werden vielmehr stets versuchen, aus dem Negativen das Positive herauszuholen. Diese Eigenschaften der Engel können dir natürlich gerade in Krisenzeiten sehr von Nutzen sein. Aber sei dir sicher, dass hier noch viel mehr an Potenzial für dich steckt. Denn die Engel sind nicht nur da, um dich zu beschützen und dich aus Schwierigkeiten herauszuführen. Sie wollen dir dabei helfen, deiner wahren Bestimmung nachzugehen und die Vielzahl deiner Möglichkeiten zu erkennen. Wenn du dich also auch in Zeiten an sie wendest, in denen es dir gut geht und keine Probleme gelöst werden wollen, wird das nie von Nachteil für dich sein. Ganz im Gegenteil: Auch in guten Zeiten können dich die Engel bedeutend auf deinem Lebensweg voranbringen, dich auf die nächsten Schritte vorbereiten und dich so deiner Bestimmung, der Fülle des Lebens und deinem wahren Selbst näherbringen.

Genauso wird dir das Engelorakel nicht nur an schlechten Tagen dienen. Es wird dir immer etwas geben – vielleicht sogar mehr, als du dir erhoffst. Gerade die Tageskarten und die kurzen Legemuster zur Führung, die du im Folgenden kennenlernen wirst, kannst du als eine Art ständiges Training nutzen und als eine Ermunterung verstehen, mehr über dich und deine Potenziale zu erfahren. Zugleich wirst du durch die regelmäßige Anwendung deine Verbindung zu den Engeln stärken und ihre Botschaften und Zeichen zunehmend besser verstehen. Du kannst also nur dazugewinnen.

Die richtige Vorbereitung

Brauche ich tatsächlich eine Vorbereitung zum Kartenlegen? Falls du dir diese Frage gerade stellst, denke kurz über das Folgende nach: Die Engel sind schon die ganze Zeit bei dir und schicken dir Zeichen und Botschaften. Sie stehen quasi in den Startlöchern und warten nur auf dich. Darauf, dass du die Verbindung zu ihnen aufnimmst und ihre Botschaften erkennst und nutzt. Aber wie sieht es bei dir aus? Bist du schon bereit? Sind deine Empfangskanäle geöffnet? Bist du in der passenden Stimmung – oder genauer gesagt: Schwingung? Gerade wenn wir gestresst sind und den Kopf voller Dinge haben, sind unsere Sinne überhaupt nicht in der Lage, die Signale der Engel zu vernehmen. Sie sind dann mit ganz anderen Dingen beschäftigt. Und selbst wenn die Zeichen deutlich sind: Ein Kopf, in dem viele Gedanken kreisen, kann die Botschaften nicht verarbeiten und die nötigen Schlüsse daraus ziehen. Nur ein ruhiger, stiller Geist ist dazu in der Verfassung.

Vielleicht hast du die Botschaften deiner Engel bereits vorher vernommen und möchtest das Orakel vor allem nutzen, um diese klarer deuten und noch intensiver mit den Engeln arbeiten zu können. In diesem Fall wird dir die Vorbereitung helfen, deine Sinne zu fokussieren und dich besser auf die himmlische Energie – auf die Schwingungsfrequenz der Engel – einzustimmen.

Vielleicht hast du die Zeichen der Engel aber noch nicht wahrgenommen oder bist dir nicht sicher, ob es Zeichen waren, und möchtest jetzt über das Orakel Kontakt zu deinen Engeln aufnehmen, um mehr zu erfahren. In deinem Kopf werden dann womöglich viele Fragen umherschwirren, du bist sicherlich auch etwas aufgeregt und erhoffst dir einiges an Antworten und Klarheit. Oder du bist noch eher skeptisch und erwartest sogar, am

Ende doch enttäuscht zu werden. Welche Gedanken dazu auch gerade in deinem Kopf kreisen: Sie bauen eine Erwartungshaltung auf, die dich nicht neutral, entspannt und offen die Botschaften aufnehmen lassen wird. Das kann sogar so weit führen, dass dein Verstand blockiert und sich dir der Blick für die Bedeutung der Karten gar nicht öffnet. Gerade deshalb ist es wichtig, dass du dich im Vorweg auf das Engelorakel einstimmst und deinen Geist etwas zur Ruhe bringst.

Um dich einzustimmen, nimmst du dir vor der Befragung am besten etwas Zeit, um zu meditieren oder im Geiste zu beten. Du kannst auch ein paar Atem- oder Entspannungsübungen machen. Schweige für die Zeit, gönne deinem Körper eine Pause, halte inne, spüre in dich hinein – in jeden Körperteil. Wie fühlt er sich an? Ist er angespannt? Dann nimm ihm die Anspannung, löse die Muskeln, atme tief in die Stelle ein.

Danach gehst du weiter, bis du deinen ganzen Körper einmal durchwandert hast und er vollkommen entspannt ist. Als Nächstes schaust du, wie es deinem Geist geht: Stehst du unter Anspannung und schwirren die unterschiedlichsten Gedanken umher? Dann versuche, diese Gedanken zu sortieren und zur Ruhe zu bringen. Es geht nicht darum, sie ganz zum Schweigen zu bringen, sondern eher darum, das permanente Geplapper im Kopf zu unterbinden. Fokussiere deinen Geist auf das bevorstehende Ereignis und konzentriere dich auf deine Fragen und Wünsche, die du an die Engel richten möchtest. Aber lass deine Sorgen, Ängste, Zweifel und inneren Kritiker nicht zu Wort kommen. Stimme dich stattdessen auf die höheren Schwingungen der Engel ein, auf ihre Energie und schärfe deine Sinne für ihre feinen Signale. Öffne dein Herz und deinen Geist, dann wird dort viel Platz für die Botschaften der Engel sein.

Nimm dir für diesen Prozess die nötige Zeit, meditiere, bete oder praktiziere deine Atemübungen so lange, bis du dich bereit fühlst. Anfangs wirst du dafür vielleicht ein paar Minuten länger brauchen. Aber du wirst sehen: Je öfter du mit dem Engelorakel arbeitest, desto schneller wirst du dich im Vorweg darauf einstimmen können.

Was du vorab wissen solltest

In den Karten, du die beim Engelorakel ziehen wirst, liegt immer eine Botschaft bzw. ein Ratschlag der Engel bezüglich deines Anliegens. Vielleicht wird dir ihre Antwort sofort klar erscheinen. Dann legst du für dich die entsprechenden Konsequenzen fest – ein bis zwei genügen – und beginnst mit der praktischen Umsetzung deiner Schlussfolgerungen. Es kann allerdings auch sein, dass dir die Antwort der Engel zunächst noch unklar erscheint. Lass dich dadurch nicht beunruhigen, manchmal dauert es eben einfach ein wenig, bis sich uns die Absichten der Engel klar offenbaren. Versuche dann einfach wieder, dich zu entspannen und abzuschalten – mit Yoga, Atemübungen, Meditation oder auch einfach einem Spaziergang an der frischen Luft. Denke nicht über deine Karten nach, sondern fokussiere dich ganz auf den Moment und auf das, was du gerade tust. Erst wenn du dich im Kopf frei fühlst, widmest du dich erneut deinen Karten. Wenn du sie dann betrachtest, versuche nicht zu sehr den langfristigen Zweck zu erkennen. Erinnere dich daran, dass die Engel dich Schritt für Schritt führen werden und sie dir deshalb auch Botschaften senden, die jetzt sofort angesagt sind und die dich eben schrittweise zu deiner Antwort führen.

Es kann dennoch gerade am Anfang passieren, dass dir einfach nicht klar werden will, was die Engel dir mit deinen Karten sagen wollen. Überlege dann zunächst Folgendes: Liegt es eventuell daran, dass du für dich im Kopf eine vorgefertigte Antwort hast, die du gerne von den Engeln gehört hättest? Und nun passen aber die Karten so gar nicht zu deiner Vorstellung? Dann versuche dich von deinem Wunschdenken freizumachen und dich für den Vorschlag der Engel zu öffnen.

Falls du keine Wunschantwort im Kopf hattest und trotzdem ratlos bist, dann probiere es mit mehr Fantasie. Lass ihr freien Lauf! Womöglich haben die Engel viel Größeres im Sinn gehabt, als du dir zutraust? Oder sie haben sich schon völlig neuen Optionen zugewandt, während du dich im Geiste noch mit vergangenen beschäftigst. Es kann sogar sein, dass die Karten für dich eine Art Gedächtnisstütze sein sollen, die dich wie ein Knoten im Taschentuch an gute Vorsätze erinnert. Dann könnten sie dir zum Beispiel dabei helfen, endlich mehr von dir und deinen Ideen zu erzählen, oder dir als Brücke dienen für ein längst fälliges wichtiges Gespräch.

Merke dir einfach: Die Karten sprechen immer deine Fantasie und deine Intuition an. Sie wirken wie ein Spiegel, vor den du dich stellst. Sie sind wie ein Brief, den du dir selbst schickst. Das bedeutet, sie werden dir immer die für dich richtige Antwort geben. Und du wirst sie erkennen und verstehen – nur du.

Denn das ist einer der weiteren schönen Vorteile des Engelorakels: Du hast die Karten in der Hand. Da ist kein fremder Meister oder »Spezialist«, der dir etwas vorbetet; kein starres Raster, in das du dich hineinfinden musst. Da bist nur du mit deinen Karten. Und der Antwort, die tief in deinem Herzen wahrscheinlich schon sehnlichst darauf wartet, von dir gefunden zu werden. Denn die Engel werden dich mit ihren Botschaften nicht irgendwo hinführen und zu irgendetwas verleiten. Sie werden dir nur offenbaren, was an Potenzial bereits in dir schlummert, und sie werden dich dorthin führen, wo du gemäß deiner Bestimmung hingehörst. Im Grunde trägst du also jede Botschaft, jeden Rat und jede Antwort von ihnen in dir – und deshalb kannst am Ende auch nur du richtig deuten, was sie dir über die Karten mitteilen.

DIE VERSCHIEDENEN

Legemuster

Wenn du dich das erste Mal mit dem Engelorakel beschäftigst, sind für dich zunächst »die Tageskarte« und »deine Entwicklungskarten« am besten geeignet. Hast du dich damit vertraut gemacht und mit den Karten einige Erfahrungen gesammelt, kannst du auch mit den anderen Legemustern arbeiten und darüber die Engel zurate ziehen.

Vorab noch ein Hinweis: Ja/Nein-Fragen eignen sich nicht zur Befragung des Engelorakels. Formuliere deine Frage deshalb so offen wie möglich. So haben die Engel den nötigen Spielraum, dir die passenden Botschaften oder Zeichen zu senden.

»Die Tageskarte«

Mische deine Karten gut durch. Formuliere währenddessen in Gedanken deine Frage an die Engel oder sprich sie laut aus. Dann ziehst du mit der linken Hand eine Karte aus dem Stapel. Du kannst die Karten auch fächerförmig auf dem Tisch ausbreiten, wenn dir diese Vorgehensweise lieber ist. Lasse dann deine Hand über die Karten wandern und ziehe intuitiv eine Karte aus dem Fächer. Welche der beiden Vorgehensweisen du wählst, bleibt ganz dir überlassen. Entscheidend ist dabei deine innere Einstellung – eine Mischung aus Konzentration und Offenheit, mit der du dich dem Vorgang und dem Resultat widmest.

Ein Tipp:

Je häufiger du dich mit dem Engelorakel beschäftigst, desto leichter wird es für dich, die Botschaften in den Karten zu verstehen. Gerade die Tageskarten sind hierfür ein sehr gutes Training und eine spielerische Ermunterung, mehr über deine wirklichen Möglichkeiten herauszufinden.

»Deine Entwicklungskarten«

Auch hier mischst du zunächst die Karten und stellst dir währenddessen deine Frage. Dann ziehst du mit der linken Hand drei Karten aus deinem Stapel bzw. aus dem Kartenfächer. Nimm dir die Karten, zu denen du dich spontan am meisten hingezogen fühlst. Decke nun die drei Karten jeweils einzeln auf, betrachte das Bild und lies dir die Hinweise zur betreffenden Karte durch.

Die erste deiner drei Karten steht für die unmittelbare Vergangenheit. Das ist die Zeit der Genese, der Entstehung deiner heutigen Frage.

Die zweite Karte steht für die Gegenwart, für die aktuelle Situation. Hier und jetzt wird die Antwort kommen, die Idee zur Lösung deiner Frage geboren.

Die dritte Karte steht für die Zukunftsaussichten, für die nächste Entwicklung und die möglichen nächsten Schritte, die das Engel-Orakel dir vorschlägt.

Wenn du alle drei Karten aufgedeckt und dir die dazugehörigen Texte durchgelesen hast, gönne dir die Zeit und Ruhe, alles noch einmal im Kopf durchzugehen. Du kannst auch über die Antworten des Engel-Orakels meditieren. Betrachte vor deinem geistigen Auge die Entwicklung in den drei Karten. Worin unterscheiden sie sich? Was haben sie gemeinsam? Welchen Zusammenhang und welchen Hinweis erkennst du darin?

Schließe die Befragung des Engel-Orakels, indem du als Ergebnis für dich ein Resümee oder einen inneren Vorsatz erstellst, den du dir laut vorsagst. Dann beendest du die Sitzung mit einer Verbeugung, einem Wort des Dankes oder einem tiefen Atemzug und der Wiederholung deines Resümees/Vorsatzes.

»Engel weisen dir den Weg«

Gerade bei Fragen, die deine berufliche Weiterentwicklung, dein spirituelles Wachstum oder andere Lerngebiete betreffen, kann dieses Legemuster hilfreich sein.

Wie immer mischst du die Karten zunächst, richtest dabei deine Frage an die Engel und ziehst dann mit der linken Hand vier Karten.

Karte 1: »Das kennst du bereits«
Karte 2: »Das kannst du gut«
Karte 3: »Das ist noch neu«
Karte 4: »Das lernst du nun dazu«

Die drei nachfolgenden Legemuster sind interessant für dich, wenn du dir in Hinblick auf deine göttliche Führung mehr Klarheit wünschst und eher nach grundsätzlichen Antworten suchst.

Für alle drei Varianten gilt: Mische zunächst die Karten, formuliere dabei dein Anliegen (oder auch Gebet) an die Engel und ziehe dann die entsprechende Anzahl der Karten mit der linken Hand.

»Ruf der Engel«

Karte 1: »Dein Thema/dein Problem«
Karte 2: »Deine Aufgabe/mein Ruf an dich«
Karte 3: »So wird es gelingen/deine Chance«

»Rat der Engel«

Karte 1: »Dies lasse los/das ist jetzt nicht wichtig«
Karte 2: »Dies übe fleißig/das hilft dir weiter«

»Selbstbefragung«

Karte 1: »Wer bin ich?«
Karte 2: »Was brauche ich?«
Karte 3: »Wie bekomme ich es?«

»Lernaufgaben«

Dieses Legemuster eignet sich für dich, wenn du dich zum Beispiel an einem Scheidepunkt deines Lebens befindest oder wenn du in einer Sackgasse steckst. Auch wenn du vielleicht ratlos bist, wohin dich dein Lebensweg führen soll, wie deine Bestimmung aussieht oder warum dich Blockaden immer wieder davon abhalten, deiner wahren Lebensaufgabe zu folgen, kannst du hier nützliche Antworten finden.

Du mischst dafür die Karten, formulierst dabei dein Problem, bei dem du dir Rat wünschst, und ziehst dann mit der linken Hand sieben Karten. Die Karten legst du im folgenden Muster nacheinander aus:

Karte 1: »Was habe ich erfahren?«
Karte 2: »Worauf kann ich mich verlassen?«
Karte 3: »Welche Wünsche machen mich stark?«
Karte 4: »Welchen Ängsten will ich mich stellen?«
Karte 5: »Wo liegen meine Hindernisse?« bzw. »Was passt nicht mehr zu mir?«
Karte 6: »Wo finde ich Unterstützung?«
Karte 7: »Wie kann ich meinen Wünschen Nachdruck verleihen?«

»Das große Engelorakel«

Dieses Muster ist nicht unbedingt für die tägliche Arbeit mit den Engelkarten gedacht, liefert aber gerade bei komplexen Situationen, grundsätzlichen Fragen und an Scheidewegen wertvolle Hinweise. Wenn du diese Variante ausprobieren möchtest, nimm dir unbedingt genügend Zeit, um all die wertvollen Informationen, die du erhalten wirst, in Ruhe aufzuarbeiten und deine Konsequenzen daraus ableiten zu können.

Auch hier mischst du zunächst deine Karten, formulierst dabei dein Anliegen oder deine Frage an die Engel und ziehst dann intuitiv nacheinander acht Karten aus dem Stapel bzw. Fächer. Lege sie dann in dem angezeigten Muster aus und drehe sie einzeln der Reihe nach um.

Karte 1: »Dein Ausgangspunkt / deine himmlische Heimat«
Karte 2: »Deine Begabung / eine besondere Stärke«
Karte 3: »Ein altes Problem für dich / eine Erblast«
Karte 4: »Deine Schwäche; auch: Wofür du eine Schwäche hast«
Karte 5: »Ein neuer Anfang, der den Himmel erfreut«
Karte 6: »Neue Talente, die du erweckst«
Karte 7: »Ein Geschenk des Himmels an dich«
Karte 8: »Deine aktuelle Aufgabe auf Erden«

Der richtige Abschluss

Nimm dir auch zum Schluss noch einmal einige Minuten Zeit für deine innere Einkehr. Mache dir bewusst, dass du jedes Mal, wenn du mit dem Engelorakel arbeitest, deine Empfindungen und deine Schwingungsfrequenz ein Stück weiter erhöhst. Wie ein Tor öffnest du dich mit jedem Mal ein bisschen mehr für die Botschaften der Himmelsboten. Und mit jedem Mal öffnet sich dir auch der Blick auf neue Horizonte voller neuer, höherer und schönerer Möglichkeiten.

Danke dir selbst dafür und danke auch den Engeln, die dir mit ihrer liebevollen Weisheit und Führung stets zur Seite stehen und dir über das Orakel ihre Botschaften mitteilen.

Liebe Engel,

ich danke euch für eure Führung und Unterstützung. Danke, dass ihr mich begleitet und mir den Weg weist. Ich fühle mich geborgen und beschützt. Alles, was ich wissen muss, werde ich zum richtigen Zeitpunkt erfahren.

Ich bin gehüllt in euer Licht.
Danke!

DIE Engelkarten

1

Der Engel der Einzigartigkeit

WUNDER SIND JEDERZEIT MÖGLICH

»Weil er sich sicher ist, dass seine **Gedanken** sein Leben verändern können, verändert sich sein Leben.«

Paulo Coehlo

Dieser Engel will dich daran erinnern, dass in deinem Leben jederzeit ein Wunder geschehen kann. Mit ihm an deiner Seite wird das scheinbar Unmögliche möglich. In schwierigen Zeiten steht uns der Engel der Einzigartigkeit zur Seite, hilft uns dabei, Lösungen zu finden, und segnet unser Tun. Ihn können wir jederzeit um Rat und Hilfe bitten. Und bei wichtigen Entscheidungen kann er uns Zeichen senden, die wir erkennen, wenn wir offenen Herzens sind. Denn der Engel kündet von Unsterblichkeit, vom Wunder der Schöpfung und dem Anteil daran, den jede/r von uns hat.

Gleichzeitig ist diese Lichtgestalt ein Symbol für das höhere Selbst, den funkelnden Diamanten in jedem von uns. Er steht uns bei, wenn wir nach unserer Bestimmung suchen. Ermutigt uns in Krisen, verleiht uns Kraft, wenn wir erschöpft sind. Und wenn wir selbst nicht weiterkommen, hilft er uns auf wundersame Weise auf die Beine. Denn durch ihn lernen wir zu erkennen, worauf es wirklich ankommt: achtsam im Hier und Jetzt zu leben. Zu genießen, was ist, und uns selbst zu vertrauen. Und er ist es, der uns dazu ermuntert, zu experimentieren. Sind wir offen für die Impulse des Universums, können wir unverzagt unseren Weg gehen.

Liebe

In Beziehungsfragen rät uns der Engel zu klärenden Gesprächen. Es ist Zeit, sich von alten Denkmustern zu verabschieden und Neues zu wagen. Komm raus aus deiner Komfortzone. Trau dich.

Glück

Besinne dich auf deine eigene Kraft. Wie glücklich erlaubst du dir selbst zu sein? Wenn du dazu bereit bist, kannst du wunderbare Erfahrungen machen. Und vielleicht wird dir sogar das Glück eines kleinen oder großen Wunders zuteil.

Erfolg

Du kommst nur weiter, wenn du etwas wagst und Verantwortung übernimmst. Aggressionen blockieren dich nur. Falls etwas nicht rundläuft, kläre es sofort.

Botschaft

Bleib offen für alles – und erwarte ein Wunder. Der Engel der Einzigartigkeit möchte dich daran erinnern, dass er für dich da ist. Sprich zu ihm und schau, was geschieht.

2

Der Engel der Erkenntnis

WIRKLICH WEISE IST, WER SICH SELBST ERKENNT

»Gehe nicht
in den Fußstapfen der **Meister**.
Suche, was sie suchten.«

Zen-Weisheit

Fühlen wir uns schwach oder krank, kann uns dieser Engel wieder zurück zu uns selbst führen. Er schenkt den Mutlosen Mut und den Verzweifelten Hoffnung. Und er hilft uns vor allem dabei, zu akzeptieren, was ist: Wir nehmen Abschied von Dingen, die uns nicht mehr guttun, und gewinnen wichtige Erkenntnisse über uns selbst. So können wir heilen. Dadurch haben wir aber auch die Möglichkeit, Altes loszulassen und die Liebe zurück in unser Leben zu holen. Der Engel der Erkenntnis bringt Freude, Heilung, Liebe, Wunder und Gnade. Er ermutigt uns, auf die Suche nach für uns wichtigen Werten zu gehen. Besser noch: Er weckt in uns den Wunsch nach Wissen und Wahrheit.

Der Engel der Erkenntnis steht für die Kraft des bewussten Lebens. Er sorgt für Klarheit, wenn wir an uns zweifeln. Verwirrendes wird entwirrt, Verstrickungen lösen sich auf und der Nebel lichtet sich. Als Sprachrohr für seine Ratschläge nutzt dieser Engel unser Herz. Hören wir auf seine Stimme, wissen wir, was zu tun ist. Wenn wir vor Entscheidungen stehen, die unsere spirituelle Weiterentwicklung betreffen, führt er uns immer zu dem, was unserem Wachstum dient und unsere Stärken und Gaben fördert.

Liebe

Es gibt wohl kaum einen Bereich, in dem wir so sehr ins Schwimmen kommen können wie in unseren Beziehungen. Diese Karte rät dir Folgendes: In der Liebe zählt nicht das, was jemand sagt. Es sind seine Taten, die für ihn sprechen.

Glück

Wahres Glück musst du nicht suchen, es findet dich. Wofür bist du dankbar? Je bewusster wir sind, desto mehr erkennen wir, wie reich uns das Leben beschenkt.

Erfolg

Um ans Ziel zu gelangen, musst du es vor deinem Aufbruch klar vor dir sehen. Oft glauben wir, etwas unbedingt erreichen zu wollen, und erkennen später, dass es uns nichts bedeutet.

Botschaft

Folge deinem Herzen. Es weiß, welcher Weg für dich bestimmt ist. Und verstehe: Erkennen bedeutet zu verstehen, was das Beste für dich ist. Niemand hat gesagt, dass das Beste einfach ist.

3

Der Engel der Erfüllung

ERKENNE DEINE TRÄUME – UND VERWIRKLICHE SIE

»Die wahren Ursachen der Zufriedenheit und der **Erfüllung** müssen wir in uns selbst suchen.«

Dalai Lama

Dieser Engel will dich dazu ermuntern, dich mit deinen tiefsten Wünschen und Hoffnungen auseinanderzusetzen. Denke groß. Denn der Engel ist ein Brückenbauer, Meister der Stufen und Zwischenschritte – der ideale Vermittler zwischen Himmel und Erde. Er unterstützt uns, unsere Träume und Visionen zu deuten, damit wir verstehen, wofür wir wirklich brennen. Aber er ist auch ein Engel des Übergangs, der Offenbarung und des »jüngsten Tags«, der stets heute ist.

Der Engel der Erfüllung hilft jenen, die ihn anrufen, und lehrt sie die Fähigkeit der Hingabe, des Sich Einlassens und Vertrauens. Gleichzeitig gewährt er uns die Chance, uns weiterzuentwickeln, indem er uns auffordert, nach unseren wahren Herzenswünschen zu forschen und es dann dem Schicksal zu überlassen, ob und wie diese in Erfüllung gehen. Nicht immer entspricht das, was wir uns vorstellen, dem, was gut für uns ist. Es geht darum, offen zu sein für das, was geschieht, und die Gegenwart so zu akzeptieren, wie sie ist. Wenn du nicht einmal ahnst, was du brauchst, kannst du den Engel der Erfüllung bitten, dir das zu gewähren, was du für dein Wachstum benötigst. Und sei sicher: Er wird es wissen und dir geben.

Liebe

Liebe hat viele Facetten: Wir lieben unsere Kinder, Freunde, Familie. Aber eines ist gewiss: Wenn uns in einer engen Beziehung das Zusammensein mit dem Partner nicht beflügelt, ist es keine Liebe.

Glück

Unsere Persönlichkeit entwickelt sich immer weiter. Der Engel hilft uns dabei, die nötige Offenheit zu bewahren und uns immer wieder offen auf das einzulassen, was uns das Leben an Chancen bietet.

Erfolg

Erfolg misst sich nicht an materiellen Dingen, sondern daran, wie sehr dich das erfüllt, was du tust. Finde heraus, wofür du wirklich brennst.

Botschaft

Deine tiefste Sehnsucht ist der Wegweiser zur Erfüllung. Wenn wir uns zurückziehen, kommen wir in Kontakt zu unseren wahren Wünschen und Zielen. Folge mutig deiner Bestimmung.

4
Der Engel der
Zufriedenheit
VERTRAUE DARAUF: DU BIST IN ORDNUNG

»Es kann nur Glück oder Freude geben, wenn man in sich selbst **Frieden** gefunden hat.«

Edgar Cayce

Zweifle nicht an dir und sei gewiss: Auch diese dunklen Zeiten gehen vorüber. Der Engel der Zufriedenheit steht dir bei, wenn du enttäuscht und verletzt wurdest. Er lehrt uns, den Weg des Herzens, den Weg der geläuterten Liebe zu beschreiten. Ohne Hingabe an die Wahrheit bleibt alles Suchen nach Glück vergeblich. Aber mit offenem Geist und Zuversicht kannst du die schwierigsten Krisen meistern.

Diese Karte will dich daran erinnern, dass du alles, was du brauchst, in dir finden kannst. Dein innerer Friede ist nicht vom Außen abhängig, selbst wenn die Umstände ungünstig sind. In dir brennt eine Flamme der Stärke. Kämpfe furchtlos im Namen der Liebe gegen Widerstände und Vorurteile an. Der Engel eröffnet dir die Möglichkeit, neue Wahrheiten zu verstehen und willkommen zu heißen. Mitfühlend hilft er dir dabei, tiefe Täler zu durchschreiten. Er führt dich heim zu dir. Wenn du in dir gefestigt bist, kommst du zur Ruhe. Zurück in deine Kraft. Du kannst loslassen und dich so geben und so sein, wie du bist. Heimat ist auch ein Energiezustand, eine Lebensqualität, die nicht nur an Orte oder Menschen gebunden ist. Du selbst bist die Lösung für all das, was du im Außen zu finden glaubst.

Liebe

In Beziehungsfragen rät uns der Engel zu Geduld. Der entscheidende Punkt ist, dass wir nicht zu früh aufgeben! Es geht darum, zu lernen, uns selbst zu lieben.

Glück

Unvoreingenommen zu sein, Erfahrungen zu sammeln und Durststrecken zu meistern erfordert Vertrauen und Geduld. Aber es ist der Weg ins Glück.

Erfolg

Ein Mensch, der sich selbst erkennt und weiß, wofür sein Herz brennt, muss nur noch das Umfeld finden, wo er seine Talente, Neigungen und Leidenschaft leben kann. Dann ist er angekommen und hat seine Heimat gefunden.

Botschaft

Glaube an deine innere Stärke. Der Engel fordert dich auf, vertrauensvoll weiterzugehen. Du bist nicht allein, er hilft dir, dein inneres Licht zu finden, und weist dir den Weg durch die Dunkelheit.

5

Der Engel des Glaubens

»ZWEIFELE NICHT AN MIR, DENN ICH BIN BEI DIR«

»Glauben ist **Vertrauen**, nicht Wissenwollen.«

Hermann Hesse

Dir eröffnen sich neue Horzionte. Der Engel gewährt dir Zugang zu einer Dimension des Seins, die deine kühnsten Träume übertrifft. All das bietet dir dieser Engel an, vorausgesetzt, du bist stark in deinem Glauben. Und das nicht nur in guten Zeiten, sondern auch dann, wenn es hart wird. Wenn schwere Prüfungen auf dich warten und Aufgaben, von denen du glaubst, sie nicht meistern zu können. Rufst du den Engel des Glaubens, wird er dir zur Seite stehen. Denn er ist auch ein Engel der Unschuld und Reinheit – des Mutes und der Kraft der Seele. Glauben bedeutet keinesfalls, dass du unreflektiert irgendwelche Dinge tust. Wahrer Glaube kommt aus dir und bedeutet Hingabe an das, was ist. Und das Vertrauen darauf, dass sich alles so entwickeln wird, wie es für dein persönliches Wachstum und deine Seele gut und richtig ist. Gerade die schwierigen Lektionen sind es, die uns spirituell enorm reifen lassen.

Dieser Engel hilft dir mit der Gabe der Inspiration – der Begeisterung für Neues und Unerforschtes. Grundsätzlich ist er ein Engel der Lebenslust und der Lebensfreude. Sein Heilmittel ist die Lebendigkeit. Alles, was diese fördert, wird von ihm unterstützt. Er wünscht sich für dich, dass du engagiert deine Lebensentwürfe umsetzt.

Liebe

Dieser Engel zeigt uns eine Welt jenseits unserer Vorstellungen, befreit uns von inneren Zwängen. Und mit der so gewonnenen Freiheit können wir die Liebe offenen Herzens empfangen.

Glück

Die Karte erinnert uns an unsere tiefsten Sehnsüchte, an längst vergessene Lebenspläne. Für unser Glück ist es entscheidend, dass wir diese prüfen und sehen, welche wir endlich umsetzen wollen. Die Zeit dafür ist günstig.

Erfolg

Lässt du den Engel des Glaubens in dein Herz, wirkt sich das auf all deine Beziehungen aus. Dadurch eröffnen sich dir ungeahnte Chancen.

Botschaft

Lass deinen Glauben über deine Zweifel siegen. Du ahnst nicht, was du bewegen kannst, wenn du mit all deiner Herzenskraft der Macht des Universums vertraust. Es ist Zeit für Wunder. Deine Zeit!

6
Der Engel der
Liebe
LIEBE DICH SELBST SOWIE DEINE NÄCHSTEN UND DU BIST FREI

»Es ist nichts als Schmerz, sagt die Angst. Es ist aussichtslos, sagt die Einsicht. Es ist, was es ist, sagt die **Liebe.«**

Erich Fried

Liebe besiegt alles. Sie ist die stärkste Kraft in uns. Diese Karte erinnert dich daran, Menschen mit den Augen der Liebe zu betrachten. Der Engel nimmt dich in schweren Zeiten an die Hand, führt dich durch die Dunkelheit zurück ins Licht. Vertraue auf ihn. Manchmal stellt uns das Leben vor harte Prüfungen. Niemand ist vor Schicksalsschlägen gefeit. Doch du bist nicht allein. Dein Engel wacht über dich. Je bewusster wir den Schmerz annehmen, desto besser können wir ihn umwandeln in verstehende Hingabe. Wir wachsen, und wenn wir dazu bereit sind, können wir mit himmlischer Unterstützung eine unglaubliche Transformation erleben.

Der Engel der Liebe ist auch dann zur Stelle, wenn wir ihn anrufen, um uns bei der Lösung schwerer Konflikte oder Beziehungsprobleme zu helfen. Bist du offen, kannst du seine heilende Präsenz spüren und durch ihn die Liebe und Gnade Gottes erfahren. Gib der Liebe eine Chance zu wachsen, gerade dann, wenn dein Herz schwer ist. Dieser Engel steuert die kosmische Energie. Mit ihm kannst du eine geradezu magische Zeit erleben. Lässt du dich darauf ein, kann die Liebe die Wüste in ein Paradies verwandeln. Wirf deine Zweifel über Bord und lass dich verzaubern.

Liebe

»Du und ich: Wir sind eins. Ich kann dir nicht wehtun, ohne mich zu verletzen«, sagte Mahatma Gandhi. Wenn wir wirklich lieben, werden wir den anderen ehren und achten wie uns selbst.

Glück

Wenn du auf deine innere Stimme hörst, wirst du Lösungen finden, die dein Leben enorm bereichern. Du wirst wie ein Alchemist Krisen in Chancen verwandeln.

Erfolg

Woran kannst du Menschen erkennen, die dir wohlgesonnen sind? Achte weniger auf ihre Worte, sondern schaue auf ihre Handlungen. Wer ist bei dir, wenn es stürmisch wird? Deine Herzensmenschen fangen dich auf, wenn du ins Straucheln kommst.

Botschaft

Liebe beginnt immer bei dir selbst. Erkenne deinen eigenen Wert, achte dich und akzeptiere dich so, wie du bist. Nur dann kannst du auch andere lieben und sie so sein lassen, wie sie sind.

7

Der Engel des Triumphs

WAHRE SIEGE KOMMEN VON INNEN

»Was du suchst, ist nicht auf den Gipfeln der Berge, nicht in den Tiefen der Meere: Es ist in deinem **Herzen**.«

Sprichwort

Dieser Engel öffnet dein Herz, so dass du Mitgefühl für alle Lebewesen empfinden kannst. Wir alle sind Teil eines großen Ganzen, Kinder des Universums. Und wir sind es, die durch unsere Empathie, unser Verständnis und unsere Toleranz den Wandel in der Welt bewirken können, nach dem wir uns alle sehnen. Die Karte fordert dich auf, Frieden zu schließen und dich mit jenen Menschen zu versöhnen, gegen die du schon lange einen tiefen Groll hegst. Aber vor allem legt sie dir ans Herz, dir selbst zu vergeben und jene Fehler zu verzeihen, die du in der Vergangenheit begangen hast. Urteile nicht so hart über dich. Es ist an der Zeit, loszulassen und nach vorn zu blicken.

Rufe den Engel des Triumphs an, damit er dich dabei unterstützen kann, gute und wegweisende Entscheidungen zu treffen. Er ist ein Führer der Seelen und geleitet uns zu den für uns richtigen Zielen. Mehr noch, dieser Engel kann dir einen Teil deiner Last von den Schultern nehmen, dir das Leben leichter machen. Wenn du es zulässt, erklärt er dir die Gesetze des Kosmos und hilft dir zu begreifen, warum bestimmte Dinge geschehen. Dieses Verstehen ermöglicht dir, zukünftig mit anderen Menschen gemeinsam erfolgreich Projekte umzusetzen, weil du ihr Potenzial erkennst und nutzt.

Liebe

Viel zu oft nehmen wir gerade die Menschen, die wir lieben, als selbstverständlich. Dabei gibt es so viel Wunderbares, das wir in ihnen entdecken können. Bedenke: Jeder Augenblick ist kostbar.

Glück

In uns allen schlummern Kräfte, die uns – einmal geweckt – dazu bringen, über uns selbst hinauszuwachsen. Der Engel erinnert dich daran, dein Glückspotenzial zu aktivieren, indem du tust, was du liebst.

Erfolg

Die Welt ist voller Wunder, wenn du bereit bist, sie zu sehen. Du bist das größte, in dir steckt alles, was du brauchst, um zu erreichen, was du dir erträumst. Die Karte ermutigt dich, nach den Sternen zu greifen.

Botschaft

Du hast die Gabe, Menschen zu lesen, ihre verborgenen Fähigkeiten zu erkennen. Wähle sorgfältig, mit wem du deine Zukunft gestalten willst. Gemeinsam könnt ihr die Welt verändern.

8

Der Engel der Gerechtigkeit

TUE, WAS DU WILLST. ABER TUE ES IN LIEBE

»Auge um Auge – und die ganze **Welt** wird blind sein.«

Mahatma Gandhi

Dieser Engel hält Geschenke bereit, die das Herz eines jeden Kreativen erfreuen. Er eröffnet unseren Geist, indem er unseren Blickwinkel verändert. Schnelle Auffassungsgabe, Schlagfertigkeit sowie die Fähigkeit, Perspektiven blitzschnell zu wechseln – all diese Gaben ermöglichen es dir, deinen inneren Bildern Ausdruck zu verleihen. Sie zu leben und deinen göttlichen Ursprung zu erkennen. So ist er auch ein Engel der Meditation, der inneren Einkehr und Erkenntnis.

Der Engel der Gerechtigkeit hilft aber auch jenen, die ihn anrufen, ihr Liebesleben lebendig zu halten und interessante Freundschaften zu knüpfen. Er bringt uns mit Künstlern zusammen und ermutigt uns, den Künstler in uns selbst zu entdecken. Denn die »Gerechtigkeit« gilt seit der Antike als eine der Kardinaltugenden, bei der es darum geht, der eigenen Bestimmung zu folgen. Dieser Engel unterstützt uns darin, unsere wahren Bedürfnisse und Ressourcen zu ermitteln. Die Karte ermahnt dich, nicht nur den Erwartungen anderer gerecht zu werden, sondern auch für deine eigenen Bedürfnisse und Interessen einzutreten. Was willst du erreichen? Und wie kannst du deine Talente zum Wohle aller einsetzen?

Liebe

Die Liebe öffnet uns den Blick für Magie, lehrt uns, unsichtbare Dinge zu sehen. Öffne dich für das Ungewöhnliche. Feiere die Lust und Leidenschaft.

Glück

Sei fair: Wenn du Fehler gemacht hast, stehe dazu,entschuldige dich. Das nimmt dir eine Last von der Seele. Dein Lebensglück hängt davon ab, wie gerecht du dich anderen gegenüber verhältst.

Erfolg

Albert Einstein hat gesagt: »Fantasie ist wichtiger als Wissen, denn Wissen ist begrenzt.« Der Engel bittet dich, deine kreativen Fähigkeiten so einzusetzen, dass du deine Ziele spielerisch erreichen kannst.

Botschaft

Es ist nicht die Welt, die dich begrenzt. Es ist deine Meinung über dich selbst. Die Person mit den stärksten Vorurteilen dir gegenüber bist du! Werde dir selbst gerecht und nutze deine Talente.

9
Der Engel der
Heilung
DU BIST WERTVOLL. SORGE GUT FÜR DICH

»Die tiefste Ursache für eine Krankheit ist immer seelischer Art, so dass diese letztlich nur über die **Seele** geheilt werden kann.«

Clemens Kuby

Der Engel der Heilung unterstützt uns dabei, Krisen zu meistern, Probleme zu erkennen und zu lösen. Als Repräsentant himmlischer Energie stärkt er unseren schöpferischen Geist. Ein Teil der Heilung besteht immer darin, geheilt werden zu wollen. Der Engel erinnert dich daran: Du selbst kannst entscheidend zu deiner Genesung beitragen. Suche den Funken, der das Feuer deiner Heilkraft in dir entzündet. Denn in jedem von uns steckt ein innerer Arzt. Und jede Heilung ist, wie Paracelsus schon wusste, in letzter Konsequenz eine Selbstheilung.

Außerdem schärft der Engel unsere Sinne für gefährliche Situationen. Er fordert dich auf, achtsam mit dir und deiner Gesundheit umzugehen. Durch bewusste Selbstreflexion, durch Meditation und bewusstes Alleinsein ebnen wir den Weg für große und kleine Wunder. Durch das Zusammenwirken von Mensch und dem höheren Selbst können tiefsitzende seelische Wunden endlich heilen. Schon allein die Anwesenheit dieses Engels spüren zu dürfen ist ein großes Geschenk. Er vermittelt uns das Gefühl himmlischer Geborgenheit. In diesen Stunden der Gnade wird uns das Glück zuteil, uns in Einklang mit allen Dingen fühlen zu dürfen.

Liebe

Manchmal brauchen wir einfach nur Liebe, um zu heilen – ob von dem Kummer, den sie uns einst selbst zugefügt hat, oder anderen Schmerzen. Liebe heilt, wenn wir bereit sind, unser Herz zu öffnen.

Glück

Der Engel zeigt dir das Tor zum Paradies. Tritt ein, damit deine Heilung beginnen kann. Lerne, dir selbst Gutes zu tun. Dich zu verwöhnen. Besinne dich auf das, was dich wirklich glücklich macht.

Erfolg

Dein Geist ist dein Tempel, achte sorgsam darauf, wen du einlässt. Wahrhaft erfolgreich bist du, wenn du mit Menschen zusammen sein kannst, die du liebst.

Botschaft

Heilung beginnt mit jedem Ja zu dir selbst. Einem Ja zu deinen chaotischen Gefühlen und deiner Verletzbarkeit. Sie beginnt mit deiner bedingungslosen Liebe zu dir selbst. Jetzt!

10

Der Engel des *Glücks*

GLÜCK BEDEUTET, MIT ANDEREN ZU TEILEN, WER DU BIST

»Es gibt keinen Weg zum Glück.
Glücklichsein ist der Weg.«

Buddha

Dieser Engel schenkt uns eine einzigartige Weisheit, wie sie aus Erfahrung, genutzten Chancen und gelebten Talenten entsteht. Er hilft uns zu unterscheiden, was wichtig für uns ist – und was nicht. Und er schärft unseren Blick für Menschen, die es gut mit uns meinen. Denn er möchte, dass wir auf der Sonnenseite des Lebens unterwegs sind. Der Engel des Glücks hat eine wichtige Mission: Er verbreitet Lebensfreude. Jenen, die ihn um Rat bitten, hilft er, den richtigen Zeitpunkt für wichtige Vorhaben zu erkennen und günstige Gelegenheiten wahrzunehmen.

Jeder von uns hat Wünsche, Ängste, Hoffnungen und Träume. Und jedes Leben setzt sich aus vielen Puzzlestücken zusammen. Das erfolgreiche Streben nach Glück besteht darin, inwieweit es uns gelingt, all diese Teile zu einem schönen Lebensbild zusammenzufügen. Dabei unterstützt uns der Engel des Glücks. Positive Gefühle, optimistische Gedanken und engagiertes Handeln werden von ihm gefördert – sie sind die Grundlagen für ein erfülltes Sein auf Erden. Natürlich machen wir alle Fehler, scheitern und gehen durch dunkle Zeiten. Doch dieser Engel hilft dabei, uns selbst, unseren Werten und Zielen treu zu bleiben. Und das ist es, was zählt.

Liebe

Missverständnisse basieren oft auf falschen Erwartungen. Dieser Engel hilft dir, die Unterschiede zwischen euch zu akzeptieren und Klartext zu sprechen.

Glück

»Glück ist Talent für das Schicksal« und dieser Engel hilft dir, ein Gefühl für glückverheißende Handlungen zu entwickeln, günstige Gelegenheiten zu nutzen und zur rechten Zeit am rechten Ort zu sein.

Erfolg

Erfolg beginnt mit Dankbarkeit für all das Schöne, das dich umgibt. Für deine Gesundheit, dein Leben, deine Lieben. Und Glück bedeutet, ganz in dem aufgehen zu dürfen, was du tust.

Botschaft

Glücklich zu sein ist dein Geburtsrecht. Das Streben nach Glück ist deine Aufgabe. Es geht dabei nicht um Materielles, sondern um kostbare Momente und Menschen, die dein Herz berühren.

11

Der Engel der Tugend

ENTDECKE DEN SCHÖPFER IN DIR

»Die Tugend des **freien Menschen** zeigt sich ebenso groß im Vermeiden wie im Überwinden von Gefahren.«

Baruch de Spinoza

Geraten wir in eine Notlage, ist dieser Engel zur Stelle. Seine Stärke besteht darin, aus jeder Not eine Tugend zu machen – er mobilisiert verborgene Ressourcen in uns, so dass wir uns selbst retten können. Aber er ist auch ein Engel des Schutzes und des Segens, der uns in Stressphasen, bei komplizierten Vorhaben, widrigen Umständen und Engpässen die Willensstärke schenkt, um durchzuhalten. Laufen wir Gefahr, uns bei der Suche nach dem Sinn des Lebens zu verlieren, schickt er uns die richtigen Menschen und konfrontiert uns mit Fragen, die uns wieder auf Kurs bringen.

Mitunter schöpfen wir nicht unser volles Potenzial aus und arrangieren uns mit halbherzigen Alternativen. Wir bleiben unter unseren Möglichkeiten. Dann rüttelt uns der Engel wach, damit wir unsere Talente nicht vergeuden, sondern sie sinnvoll zu unserem und dem Wohl der Gemeinschaft einsetzen. Was würdest du tun, wenn es kein Risiko gäbe? Wir müssen uns bewusst sein, dass Begabungen Geschenke sind, mit denen wir verantwortungsbewusst umgehen sollten. Wie arm wäre unsere Welt, wenn Künstler wie Hermann Hesse oder Picasso nicht ihrer Berufung gefolgt wären?

Liebe

Höre auf dein Herz: Lasse dich nicht provozieren oder zu Entscheidungen drängen. Und gib deinen Mitmenschen die Chance, sich freiwillig zu dir zu bekennen. Verzichte darauf, Druck auszuüben.

Glück

Es ist keine Tugend, dein Licht unter den Scheffel zu stellen. Offenbare der Welt deine wahre Größe und teile deine Ideen und Visionen mit anderen. Übrigens: Du hast das Talent zum Glücklichsein.

Erfolg

Berechtigte Einwände solltest du genau prüfen. Hinterfrage scheinbare Selbstverständlichkeiten, korrigiere notfalls den Kurs. Es wird sich für dich lohnen.

Botschaft

Dieser Engel bringt das Gute und Schöne ans Licht, das in jedem von uns steckt. Er fördert unsere Tugenden und Begabungen – nutze sie. Du hast der Welt so viel zu geben. Viel mehr, als du ahnst.

12

Der Engel der *Visionen*

ERWECKE DEN LEBENSKÜNSTLER IN DIR

»Pflege deine **Träume** und Visionen. Sie sind die Kinder deiner Seele; die Konzepte für deine Erfolge.«

Napoleon Hill

Es gibt Zeiten, in denen nichts richtig rundläuft. Projekte scheitern. Pläne zerschlagen sich. Hier hilft uns der Engel der Visionen zu erkennen, warum wir in einer Sackgasse gelandet sind. Doch er baut uns auch auf, ermutigt uns, Neues in Angriff zu nehmen. Dazu brauchen wir Bilder, Träume, etwas, das unsere Fantasie beflügelt, damit wir über uns selbst hinauswachsen können. Förderlich ist in solchen Phasen bewusstes Alleinsein. In der Stille können wir heilen, die Puzzleteile unseres Ich wieder zusammensetzen. In der Abgeschiedenheit können Wunsch und Wirklichkeit, Wille und Tat, Denken und Handeln wieder zu einer Einheit verschmelzen.

So bringt uns dieser Engel in Kontakt mit tieferen Schichten und höheren Ebenen unseres Seins. Folgst du deinen Eingebungen, setzt du überraschende Einfälle in die Tat um, wirst du langfristig Visionen leben können. Letztlich besteht die Kraft dieses Engels darin, dass wir uns über unsere Leidenschaften klar werden. Es gibt unselige Leidenschaften, die uns quälen und verzehren. Aber in uns allen brennt auch eine heilige Flamme, die unser Leben reicher, schöner und glücklicher macht. Folge dieserr Leidenschaft und sei glücklich.

Liebe

Liebe ist nicht nur ein Gefühl, sondern ein Energiezustand. Lieben heißt, achtsam zu sein für die Bedürfnisse des anderen, ohne das eigene Wohl aus den Augen zu verlieren. Liebe will wachsen.

Glück

Geh deinen Weg voll Zuversicht. Deine Träume weisen dir die Richtung. Sie zeigen dir, was gut für dich ist – und wovon du besser die Finger lässt.

Erfolg

Dieser Engel schenkt dir das Selbstvertrauen, dich großen Herausforderungen zu stellen. Du wirst viel lernen und hast die Chance, über dich selbst hinauszuwachsen. Der Erfolg ist zum Greifen nah.

Botschaft

Visionen sind Bilder deiner Seele, die gelebt werden wollen. Nimm sie an und integriere sie mit Hilfe deines Engels in dein Leben. Berührende Erlebnisse und Begegnungen erwarten dich.

13

Der Engel der Vorsicht

LEBE DEIN LEBEN UND MACH WAS DARAUS

»Was willst du **ernten?**
Heute, dieses Jahr, in diesem Leben?
Was ist schon reif, was braucht noch Zeit?«

Pia Schneider

Es gibt eine Instanz in dir, der du immer vertrauen kannst: Deine Herzintelligenz weiß genau, was gut für dich ist. Daran will dich der Engel der Vorsicht erinnern. Damit du verstehst, dass andere Menschen nur bedingt gute Ratgeber sein können. Sie alle kennen nur einen Teil von dir. Du selbst musst entscheiden, welche Risiken du eingehen willst und in welche Beziehungen du dich einbringst. Du bist der Regisseur deines Lebens. Natürlich kannst du den Engel um Unterstützung bitten, damit dein Weg klarer wird.

Der Engel der Vorsicht hilft denen, die ihn anrufen, auch in Zeiten der Not die Hoffnung nicht zu verlieren und selbst in Feuerproben einen kühlen Kopf zu behalten. Dieser Engel macht uns klar: Jene guten Kräfte des Lebens, die in jedem Menschen wirken und die größer sind als unser Selbst, stehen uns immer bei. Sie begleiten uns durch Krankheit, Leid, Tod und Wiedergeburt. Das Geschenk dieses Engels: Er will dich zu einer tieferen Lebendigkeit führen, indem er dir deine Endlichkeit auf Erden bewusst macht, damit du deine Zeit für deine Weiterentwicklung nutzt. Genieße die Geschenke des Lebens. Was möchtest du wirklich gern machen und worauf wartest du noch?

Liebe

Das Leben ist zu kurz, um es mit Menschen zu verbringen, die nicht hinter dir stehen. Du bist liebenswert, also suche dir Leute, die das auch erkennen und ehrlich wertschätzen.

Glück

Verabschiede dich von Menschen, die dir nicht guttun. Lasse einengende Gedankenmuster los und wirf deine Versagensängste über Bord. Es ist an der Zeit, groß zu denken. Das Leben ist schön.

Erfolg

Manchmal muss man einen Schlussstrich ziehen und eine Kurskorrektur vornehmen. Die Karte ermuntert dich, nach vorn zu schauen. Wenn du deine eigenen Überzeugungen lebst, wird alles gut.

Botschaft

Vertrauen ist kostbar. Überlege dir genau, wem du es schenkst. Vorsicht ist bei Menschen geboten, die viel versprechen. Schau dir an, ob ihren Worten Taten folgen. Verlasse dich auf dein Herz.

14

Der Engel der Läuterung

FÜHLE DICH ANGENOMMEN

»Wenn dein **Herz** geläutert ist, sind alle Dinge in deiner Welt geläutert.«

Ryôkan

Dieser Engel schenkt uns die Kraft, aus unseren Fehlern zu lernen, und die Einsicht, zu erkennen, wo wir unrecht gehandelt haben. Es geht ihm nicht darum, dass wir uns schuldig fühlen, vielmehr will er uns dabei unterstützen, uns selbst zu verzeihen. Das geht jedoch nur, wenn wir für unsere Taten einstehen. Gehen wir geläutert aus uns belastenden Situationen hervor, hebt uns dies auf ein neues Lebensniveau, auf dem sich Heilung, Ganzheit und existenzielle Betroffenheit verbinden. So ist er auch ein Engel des Schutzes in Krisen, der Sicherheit in Prüfungen und der Geradlinigkeit in Bewährungsproben.

Bittest du ihn, wird der Engel der Läuterung dir helfen, den wahren Willen Gottes zu erkennen. Er hilft uns, geliebte Menschen und Freunde zu finden, alte Wunden zu heilen und verloren gegangene Träume und Wünsche wiederzuentdecken. Bist du dazu bereit, führt er dich zurück auf den rechten Weg. Er ermuntert dich dazu, eigene Erfahrungen zu sammeln, und bekräftigt dich darin, deine Entscheidungen auf ihre Wahrhaftigkeit hin zu überprüfen. Das Streben nach Glück ist dann von Erfolg gesegnet, wenn es nicht vom Ego getrieben ist, sondern dem Wohle aller dient.

Liebe

Oft verletzen wir gerade jene Menschen am meisten, die wir lieben. Gehe auf den anderen zu, bitte um Vergebung. Falls dir selbst Unrecht geschehen ist, versuche zu vergeben. Liebe heilt.

Glück

Einen von uns begangenen Irrtum zu erkennen, ermöglicht es uns, Fehler zu korrigieren. Dadurch können wir Schaden von uns und anderen abwenden. Der Weg wird frei für ein Happy End.

Erfolg

Der Weg zum Erfolg ist mit zahlreichen Stolpersteinen gepflastert. Der Engel hilft dir dabei, vermeintliche Fehlschläge in persönliche Siege zu verwandeln.

Botschaft

Niemand ist frei von Fehlern. Wichtig ist, dass du bereit bist, die Folgen deiner Handlungen zu tragen. Das ist nicht immer einfach. Doch es bietet dir die Chance, über dich selbst hinauszuwachsen.

15

Der Engel der Grenzerfahrung

WIE WEIT WÜRDEST DU FÜR DICH GEHEN?

»Ich kenne meine Grenzen. Aber sie interessieren mich nicht. Ein gutes Leben wird aus **Mut** gemacht.«

Lezah

Dieser Engel ermutigt dich, Grenzen zu überschreiten und neue kreative Lösungen zu finden. Bittest du ihn, so wird er über jeden deiner Schritte wachen. Du kommst in den Genuss, neue beglückende Erfahrungen zu machen und über dich selbst hinauszuwachsen. »Wichtig ist es, für seine Träume einige Kämpfe zu bestehen – nicht als Opfer, sondern als Abenteurer«, fordert uns der Autor Paulo Coelho auf. Geht es dir schlecht, spendet er dir Trost. Bist du aufgewühlt, beruhigt er dein Herz. Künstler und Suchende inspiriert er und leitet falls nötig einen Wechsel der Perspektive ein.

Die Karte fordert dich aber auch auf, Grenzen zu setzen, wenn Menschen dich manipulieren wollen. Prüfe sorgfältig, was du geben kannst. Ein klares Nein ist ein vollständiger Satz. Vertraue auf deinen Engel: Du hast mehr Wahlmöglichkeiten, als du glaubst. Bringe Licht ins Dunkel und leuchte unbekannte Alternativen aus. Willst du ein Spielball schlechter Gewohnheiten sein oder den Kurs deines Lebens selbst bestimmen? Echte Freunde werden dich so akzeptieren, wie du bist. Außerdem weist dich der Engel darauf hin, dass wir alle mit Einschränkungen konfrontiert werden. Achte die Grenzen anderer genauso, wie du die deinen respektiert sehen willst.

Liebe

Dieser Engel schürt mitunter die Leidenschaft zwischen den Geschlechtern und stellt die eheliche Treue auf die Probe. Sei ehrlich: Wie viel Freiheit willst du leben – und wie tolerant bist du selbst?

Glück

Das Glück ist jenen gewogen, die es zu schätzen wissen und bereit sind, etwas zu riskieren. Wie sieht es aus: Was würde dich wirklich glücklich machen? Über welche Grenzen würdest du gehen?

Erfolg

Dieser Engel schenkt dir die Gabe, Konflikte zu schlichten und Probleme offen anzusprechen. Deine Offenheit ermöglicht es dir, befriedigende Lösungen für alle Beteiligten zu finden.

Botschaft

Brich auf. Überschreite Grenzen. Erlebe Abenteuer jenseits deiner Sicherheitszone. Dann hast du tolle Geschichten, die du später erzählen kannst. Dein Leben wartet. Und worauf wartest du?

16
Dein
Schutzengel
FINDE ZURÜCK IN DEINE MITTE

»Von allen Gefährten, die mich begleiteten, ist mir keiner so **treu** geblieben wie der Schutzengel.«

Clemens Brentano

Dein Schutzengel steht dir bei – ob du ihn anrufst oder nicht! Er ist dein treuer Begleiter auf all deinen Wegen. Und wenn du zu ihm sprichst, kannst du seine Energien bewusst wahrnehmen. In unsicheren Zeiten, wenn du dich schwach oder erschöpft fühlst, kannst du durch ihn eine tiefe Ruhe und inneren Frieden erfahren. Du findest mit seiner Hilfe wieder in deine Mitte, in das Zentrum deiner Kraft. Aber dein persönlicher Engel bewirkt noch viel mehr: Er rüttelt dich wach, wenn du von deinem Weg abzukommen drohst, und schärft deine Sinne, wenn du in Gefahr bist. Außerdem ist dein Engel ein guter Ratgeber, wenn es darum geht, Geschäfte, Unternehmungen und Planungen erfolgreich zu gestalten. Sein Prinzip ist das der helfenden Hand.

Gehen wir leichtsinnig Risiken ein, bewahrt er uns – sofern wir es zulassen – vor schlimmen Abstürzen. Ignorieren wir seine warnenden Signale, gibt er dennoch alles, um den Schaden zumindest abzumildern. Gleichzeitig hilft er uns dabei, einen anderen Blickwinkel einzunehmen und selbst aktiv für uns zu sorgen. Denn er möchte, dass wir unsere eigene innere Stärke erkennen. Dann können wir das Wagnis eingehen, über uns hinauswachsen, ohne uns dabei selbst zu verlieren.

Liebe

Sprich über deine Bedürfnisse und Sehnsüchte. Denn niemand kann wissen, wie es in deinem Herzen aussieht. Und das gilt umgekehrt auch für dich. Interessiere dich für die Wünsche anderer Menschen.

Glück

Geteiltes Glück ist doppeltes Glück. Sei großzügig. Schenke, ohne etwas zu erwarten. Und freue dich einfach über die Freude, die du verbreitest.

Erfolg

Bring dich ein. Gib alles. »Nicht wie tief du fällst, zählt – sondern wie hoch du zurückfederst«, hat Brian Tracy gesagt. Dein Engel steht dir bei. Gib bei Durststrecken nicht auf. Das Ziel ist nahe.

Botschaft

Lerne, den Tiger zu reiten. Verabschiede dich von deinen alten Denkmustern. Du bist nicht hier, um ständig die gleichen Wege zu nehmen. Wage dich in den Dschungel des Lebens. Du wirst beschützt.

17

Der Engel der Zuversicht

DU BIST WERTVOLL. GIB DICH NIEMALS AUF

»Geh nicht dahin, wo der Weg dich hinführt. Geh dahin, wo es keinen Weg gibt, und hinterlasse eine **Spur**.«

Seneca

Diese Karte macht dir Mut: Du bist nicht allein. Dein Engel geleitet dich durch Phasen der Prüfung und durch Geduldsproben. Du wirst deine Probleme lösen und Schwierigkeiten überwinden. Und vergiss nie: Auch in turbulenten Zeiten gibt es immer wieder Lichtblicke, Augenblicke intensiver Freude. Genieße sie. Schon bald wirst du auf »Wolke 7« schweben dürfen. Du wirst sie erleben, diese Leichtigkeit des Seins, wenn du nach allen Strapazen die Früchte deiner Arbeit erntest. Der Engel der Zuversicht bestärkt dich in deinem Glauben, dass du schon bald wieder glücklich und frei von Existenzsorgen sein wirst. Beziehungskrisen werden gemeistert und finden ein gutes Ende.

Dieser Engel zeigt uns, welche Glücksfantasien gut für uns sind und welche nicht. Er erinnert uns an unsere glücklichen Zeiten und ruft uns die weniger glücklichen Stunden ins Gedächtnis, damit wir daraus lernen. Gleichzeitig ist er ein Engel der Barmherzigkeit und Liebe. Er befreit uns von unangebrachten Scham- oder Schuldgefühlen. Denn er wünscht sich für uns, dass wir ein erfülltes Leben führen und die uns gestellten Aufgaben rückblickend als Bereicherung empfinden. Möge dein Glaube dich nie verlassen.

Liebe

Es ist einfach, an die Liebe zu glauben, wenn alles gut läuft. Doch wahrhaft liebst du dann, wenn du auch in dunklen Zeiten deiner Liebe und dir selbst treu bleibst und deine Zweifel überwindest.

Glück

Schiffe sind im Hafen sicher, doch dafür sind sie nicht gebaut. Das Glück kommt dir entgegen, wenn du mutig genug bist, dich auf eine ungewisse Zukunft einzulassen. Das Leben wartet draußen.

Erfolg

Wenn du deine Ziele erreichen willst, darfst du nie den Glauben an dich selbst aufgeben. Gehe weiter. Unbeirrbar. Vertraue dir und sei gewiss: Du kannst es!

Botschaft

Bist du bereit, auf deiner Reise ins Unbekannte Spuren zu hinterlassen? Spuren der Liebe, die bleiben als Lächeln auf den Gesichtern jener, die deinen Weg kreuzen? Mach dich bereit für ein Wunder.

18

Der Engel der
Erlösung

LASS LOS UND DU WIRST AUFGEFANGEN

»Nicht das **Denken** erlöst die Welt, sondern die Liebe.«

Manfred Kyber

Wir leiden oft, weil wir die Gegenwart nicht akzeptieren wollen. Wir wünschen uns eine andere Realität. Erlösung vom Leid gewinnen wir durch eine veränderte Wahrnehmung dessen, was ist. Dabei will uns dieser Engel helfen, indem er uns Einblick in die Geheimnisse des Universums gewährt und uns unsere Bestimmung zeigt. Es gibt einen Grund für alles, was uns geschieht. So ist er auch ein Engel, der uns durch Phasen der Einsamkeit, der Enttäuschung oder der Erschöpfung führt. Der Engel der Erlösung hilft uns dabei, uns in Hingabe zu üben an das, was ist. Anstatt Widerstand zu leisten und uns in Dramen zu verstricken. Er fängt uns auf, wenn wir an einer Trennung oder einem Schicksalsschlag zu zerbrechen drohen.

Dieser Engel vermittelt uns neue Einsichten und die Freiheit, die aus dem Verständnis erwächst für das, was ist. Dadurch wird unser Blick frei für Alternativen, Möglichkeiten und Lösungen. Es geht darum zu verstehen, was wir tun und warum wir es tun. Denn je bewusster wir sind, desto eher erschließen sich uns gangbare Wege. Das größte Geschenk dieses Engels besteht in der Kraft und der Klarheit, welche uns ermächtigen, die wahre Stärke in uns selbst zu erkennen.

Liebe

Was ein anderer Mensch dir antut, ist sein Karma. Wie du darauf reagierst, ist das deine. Du kannst mit deiner Liebe alles verwandeln. Durch dein Tun können Schmerz und alte Wunden heilen.

Glück

Der Engel erinnert dich: Oft ist ein Ende nötig, damit etwas Neues, Wunderbares in unser Leben treten kann. Lass Altes los und vertraue darauf, dass sich am Ende alles zum Guten wenden wird.

Erfolg

Thomas Edison sagte: »Ich bin nicht gescheitert. Ich kenne jetzt 1000 Wege, wie man keine Glühbirne baut.« Wenn du fällst, stehe auf und mache weiter.

Botschaft

Deine Erlösung findest du in dir – durch Hinabtauchen und Versenken in dein Selbst. Dort findest du auch deinen Seelenfrieden und all die Weisheit, nach der du vergeblich im Außen gesucht hast.

19

Der Engel der Gnade

JE GRÖSSER DIE HINGABE, DESTO GRÖSSER DIE GNADE

»Das Wichtigste bekommen wir tatsächlich geschenkt: das **Leben** – unseren persönlichen Anteil an der Schöpfung – und jeden Tag eine neue Chance.«

Johannes Fiebig

Nimm dein Schicksal in die eigene Hand, und wenn du nicht mehr weiterweißt, bitte den Engel der Gnade um Rat. Er hilft in schweren Zeiten und verleiht die Kraft, dich auch den schwierigsten Herausforderungen zu stellen. So ist er auch ein Engel des Schutzes auf Reisen und beim Aufbruch zu neuen Ufern. Denn er unterstützt dich dabei, Unklarheiten zu beseitigen, dich von negativen Einflüssen zu befreien, Unstimmigkeiten zu bereinigen und positive Kräfte zu mobilisieren. Er führt dich zu einem Neuanfang.

Dieser Engel steht für die »Gnade der zweiten Geburt«. Es gibt nichts Machtvolleres, wenn es um deine Existenz und dein Lebensglück geht. Du darfst deinen Weg wählen, darfst dir deine Verbündeten aussuchen, dein Ziel bestimmen. Denn genau darum geht es: Du bist jetzt bereit für weitreichende Veränderungen. Vielleicht sogar für eine höhere Stufe der Bewusstwerdung – für eine Transformation. Der Engel möchte dir deine unendlichen Wachstumsmöglichkeiten zeigen. Du bist jetzt gefordert, Verantwortung für Entscheidungen zu übernehmen, die nicht nur dein Schicksal betreffen werden. Dein Wille, deine Entschlossenheit und dein Mut sind wegweisend für andere.

Liebe

Hegst du alten Groll gegen deine Herzensmenschen? Ist es nicht an der Zeit, dem anderen die Hand zur Versöhnung zu reichen? Du entscheidest, wie wichtig dir eine Beziehung ist. Liebe verzeiht.

Glück

Willst du recht haben oder glücklich sein? Die Karte erinnert dich daran, wie oft uns das Schicksal gnädig ist. Wofür bist du dankbar?

Erfolg

Folgen wir mit Entschlossenheit, Freude und einem dankbaren Bewusstsein unserer Bestimmung, können wir Großes erreichen. Für uns – und für andere. Die Welt braucht Visionäre. Sie braucht dich!

Botschaft

Gnade wird dir als ein Geschenk zuteil. Auch du selbst kannst Milde walten lassen gegenüber Menschen, die dich verletzt haben. Vergib ihnen und befreie dich von den Schatten der Vergangenheit.

20

Der Engel der

Selbständigkeit

DU TRÄGST EINEN GÖTTLICHEN FUNKEN IN DIR

»Wenn alles gegen dich zu laufen scheint, erinnere dich daran, dass das Flugzeug gegen den **Wind** abhebt, nicht mit ihm.«

Henry Ford

Dieser Engel bringt uns bei, uns selbst und unsere Mitmenschen besser zu verstehen. So fällt es uns leichter, andere gerecht zu behandeln und uns adäquat zu verhalten. Außerdem kann er uns dabei helfen, gesellschaftliche Anerkennung und die Wertschätzung uns wichtiger Menschen zu erlangen. Er ist ein Engel der Seelenstärke, er bringt uns zurück in unsere innere Balance, baut uns auf, wenn wir unterdrückt oder verfolgt werden.

Sein Credo ist: Lebensfreude statt Lebenskampf. Falls du unter Existenzängsten leidest, ermutigt er dich, vertrauensvoll in die Zukunft zu blicken. Betrachte deine Existenz als ein Geschenk Gottes, du bist einzigartig. Ein Wunder – denn du trägst einen eigenen göttlichen Funken in dir. Sobald du das erkennst und verstehst, wird sich dein früherer Existenzkampf in Selbständigkeit und Lebensfreude verwandeln. Wichtig ist dabei, dass du dich für deine eigenen Interessen einsetzt, darüber aber nicht vergisst, andere Menschen zu unterstützen, die tatsächlich um ihr Leben kämpfen müssen. Hier kannst du durch deinen Einsatz zu einem »Engel« werden. Wundere dich nicht, wenn dieser Engel dich betroffen macht. Es ist seine Aufgabe, dich wachzurütteln.

Liebe

Nicht deine Wünsche sind das Problem, sondern das noch ausbaufähige Bewusstsein deiner Selbständigkeit. Was brauchst du? Was ist für dich eine erfüllende Beziehung?

Glück

Dieser Engel weckt in dir den Wunsch nach großer Liebe und Leidenschaft. Trau dich. Geh auf andere zu. Dein Glück begegnet dir oft an ungewöhnlichen Orten.

Erfolg

Wenn du mit diesem Engel in Verbindung stehst, verfügst du über die erforderliche Reife, um deinen Lebensaufgaben gerecht zu werden. Du weißt, welche Richtung du einschlagen willst. Geh! Schau nicht zurück. Alles ist gut.

Botschaft

Lasse dich nicht einschüchtern und stelle dein Licht nicht unter den Scheffel! Stehe zu dem, wofür du brennst – setze dich mit deiner ganzen Kraft dafür ein. Dann kann dich nichts aufhalten.

21

Der Engel der Offenbarung

SEI DU SELBST: AUTHENTISCH UND WAHRHAFTIG

»Betrachtet das Erwachen des Frühlings und das Erscheinen der Morgenröte! Die **Schönheit** offenbart sich denjenigen, die betrachten.«

Khalil Gibran

Sei authentisch! Dazu ermutigt dich diese Karte. Offenbare das, was du leben willst. Dadurch gewinnst du eine Form von Stärke, die dich in die Lage versetzt, selbst ungewöhnliche Pläne zu realisieren. Mit dem Engel an deiner Seite kannst du Menschen dazu motivieren, deine Projekte zu unterstützen. Du überzeugst durch deine Glaubwürdigkeit, deine natürliche Autorität, dein Engagement und dein Durchsetzungsvermögen. Gleichzeitig spendet der Engel jenen Trost, die unter Traurigkeit, Zwängen oder Krankheiten leiden. Und er beschützt die aufrichtig Liebenden.

Suchenden und Einsamen hilft er, verwandte Seelen zu finden und Liebesträume zu verwirklichen. Diesen Engel zeichnet seine Fähigkeit aus, uns dazu zu bewegen, der Liebe gerade in Krisen- und Grenzsituationen treu zu bleiben. Mit seiner Hilfe finden wir auch bei harten Bewährungsproben die richtigen Worte, um sogar scheinbar hoffnungslose Beziehungen zu retten. Und er führt uns zu uns selbst zurück: Wir können sagen, was uns bewegt, Konflikte offen ansprechen und gemeinsam mit anderen Lösungen finden. Wir gewinnen Selbstvertrauen und können wie der Feuervogel Phönix gestärkt aus der Asche auferstehen.

Liebe

Sobald du ehrlich zu deinen Gefühlen stehst, ergeben sich einzigartige Chancen. Sprich Klartext, und falls deine Liebe nicht erwidert wird, gehe in Frieden. Du wirst deinem Seelenpartner begegnen.

Glück

Dieser Engel konfrontiert dich mit Situationen, in denen du durch authentisches Handeln dein Glück finden kannst. Zögere nicht, zu sagen, was du willst.

Erfolg

Dieser Engel schärft deinen Sinn für das, was wirklich zählt. Du lernst den Wert vieler Dinge erneut zu schätzen und erkennst deren wahre Schönheit. Du verstehst, wie reich du jetzt schon bist.

Botschaft

Träume, Ängste und Sehnsüchte werden dich dein Leben lang begleiten.Du kannst lernen, dich auf die positiven Dinge zu konzentrieren. Blicke zur Sonne und lasse die Schatten hinter dir.

22

Der Engel der Hingabe

WERDE ZUM MEISTER DEINES LEBENS

»Das **innerste Wesen** der Liebe ist Hingabe.«

Edith Stein

Das Zauberwort für innige zwischenmenschliche Beziehungen heißt Hingabe. Der Engel weist uns darauf hin, dass Hingabe uns Freiheit schenkt. Denn Menschen, die sich zur Hingabe verpflichtet haben, erleben ein größeres Maß an Freiheit und eine neue Form von Leichtigkeit und Erfolg in ihrem Leben. Sie können einander vertrauen, sich fallen lassen und ohne Maske zeigen. Jeder Mensch trägt in sich Geheimnisse. Ein hingebungsvoller Partner wird solche Geheimnisse respektieren und, falls du sie mit ihm teilen willst, bewahren und schützen.

Der Schlüssel zum Glück liegt darin, unsere Lebensaufgabe zu erfüllen. Der Engel erinnert uns daran, dass wir nach unserer Bestimmung suchen und uns ihr voll Hingabe widmen sollen. Er schenkt dir die Kraft, Ausdauer und Geduld, die du für diese Aufgabe brauchst. Bitte ihn und er wird dir den Weg weisen. Ähnlich wie es früher üblich war, dass die Handwerksgesellen zum Zwecke ihrer Berufsausbildung auf Wanderschaft gingen, können auch wir uns auf unsere spirituelle Wanderschaft begeben. Bist du bereit, wird dich der Engel auf deiner Reise zu deiner inneren Wahrheit begleiten, damit du zu einem Meister deines eigenen Lebens wirst. Du wirst erkennen, was du schon immer warst. Und immer sein wirst.

Liebe

Dein Partner ist dein Spiegel. Das, was uns später an ihm am meisten stört, sind die Eigenschaften, die wir bei uns selbst unterdrücken oder nicht leiden können. Hingabe kann euch beide heilen.

Glück

Wir haben es in der Hand, wie wir auf bestimmte Entwicklungen und Situationen reagieren. Wir schreiben das Drehbuch unseres Lebens, sind Regisseur und Hauptdarsteller. Was hält dich davon ab, glücklich zu sein?

Erfolg

Es ist ein Paradoxon, doch wir können die wahre spirituelle Meisterschaft nur durch Hingabe des Ichs erlangen. Unser Ego aber hält uns ständig vom Wachstum ab. Mach dir bewusst: Du bist nicht dein Ego!

Botschaft

Hingabe und Liebe lassen uns Schmerzen vergessen, heilen alte Herzverletzungen. Wem kannst du dich anvertrauen? Suche nach Menschen, die dich auffangen können und zu dir stehen.

23

Der Engel der Stärke

ENTDECKE DEINE INNERE KRAFTQUELLE

»Manchmal haben wir die Kraft, ›Ja‹ zum Leben zu sagen. Dann kehrt **Frieden** in uns ein und macht uns ganz.«

Ralph Waldo Emerson

Dieser Engel hilft uns, unsere inneren Kraftquellen zu finden. Alles, was uns glücklich macht, worin wir völlig aufgehen, stärkt uns. Manchmal ist es wichtig, bewusst von äußeren Reizen Abstand zu nehmen. In der Stille kommen wir zu uns. Meditieren schenkt uns den Abstand von Hektik und Stress. In solchen Momenten des bewussten Alleinseins erkennen wir unsere innere Stärke.

Der Engel macht dir Mut, deinen eigenen Weg zu gehen. Denn es ist egal, was andere dazu sagen: Wenn du einen Traum hast, dann beschütze ihn. Er ist wichtig. Für dich. Lass dich nicht von Leuten aufhalten, die erzählen, dass du es nicht schaffen kannst. Es sind ihre eigenen Versagensängste, über die sie sprechen. Der Engel der (inneren) Stärke unterstützt deine Herzenspläne und schenkt dir die Kraft, Hindernisse zu überwinden und dich aus Abhängigkeiten zu lösen. Wirf den Ballast ab. Der Engel will gleichsam, dass unser inneres Feuer, der Funke Gottes und die Flamme der Begeisterung in jedem von uns brennen. Nutze dieses Geschenk des Himmels. Es ist Zeit, mehr Freude in dein Sein zu bringen. Suche dir Menschen, die dich unterstützen und mit dir das Leben tanzen.

Liebe

Für Menschen, die dir etwas bedeuten, musst du dich einsetzen. Verbringe Zeit mit ihnen. Eine Beziehung wird stark, wenn wir gemeinsam lachen, reden, weinen, schweigen. Für den anderen da sind.

Glück

Du musst dir nichts beweisen. Du darfst auch ohne ständige Höchstleistungen glücklich sein. Wirklich starke Menschen kümmern sich um ihr Wohlbefinden.

Erfolg

Du entscheidest, wohin deine Lebensreise geht. Wähle Ziele, die groß sind – deine Chancen stehen gut, dass du sie erreichst, wenn du an dich glaubst. Du weißt doch: Glaube kann Berge versetzen! Fang an.

Botschaft

Sei klar in dem, was du tust. Sorge gut für dich. Es ist nicht egoistisch, darauf zu achten, dass du genug Zeit und Kraft hast, um deine Träume zu leben. Nur dann kannst du auch für andere da sein.

24

Der Engel des *Verzeihens*

VERGEBUNG HEILT DEINEN SCHMERZ

»Der **Schwache** kann nicht verzeihen. Verzeihen ist eine Eigenschaft des Starken.«

Mahatma Gandhi

Dieser Engel unterweist dich in einer der wichtigsten Lektionen unseres Lebens: Er lehrt uns zu vergeben. Dabei geht es nicht nur um die Verfehlungen und Schwächen anderer, sondern auch um die eigenen. Denn selbst die großherzigsten Menschen können sich letztere nur schwer verzeihen. Güte und Mitgefühl sind ein Zeichen echter Stärke. Der Engel bittet dich, dein Herz für die himmlische Liebe und Gnade zu öffnen. Mitgefühl mit uns selbst ist die Voraussetzung, um erfahrenes Unrecht vergeben zu können, Hass in Freundschaft und Zorn in Verständnis für das Leiden aller Lebewesen zu verwandeln.

Der Engel der Vergebung hilft denen, die ihn anrufen, mit dem Universum, mit Gott und der Welt eins zu werden. Dieses Einssein öffnet die Tür zu unerwarteten Lösungen und schenkt dir Seelenfrieden. Wie wir mit eigenen und fremden Schwächen umgehen, ist ein Spiegel dafür, wie wir uns mit starken Emotionen auseinandersetzen. Du hast jetzt die Chance, wie ein Alchemist, deine vermeintlichen Schwächen in Stärken umzuwandeln, indem du sie als Teil deines Menschseins akzeptierst. Und wenn schon deine Schwächen einen Sinn haben – wie viel mehr dann erst deine Stärken!

Liebe

»Alles verstehen heißt alles verzeihen«, lehrt Buddha. Kannst du Menschen, die du liebst, ihre Fehler und Schwächen vergeben? Wenn du das nicht tust, vergiften deine negativen Gedanken deine Liebe.

Glück

Loslassen ist dein Schlüssel zum Glück. Solange du an altem Schmerz und Leid festhältst, machst du dir selbst das Leben schwer. Verzeihe und blicke nach vorn.

Erfolg

Die Liebe verwandelt alles – auch den Schmerz. Sie hilft dir, Probleme mit anderen Menschen zu lösen und deine Vorhaben erfolgreich umzusetzen. Aufschub ist das beste Mittel bei Rachegedanken.

Botschaft

Solange du Anderen nicht verzeihen kannst, was sie dir angetan haben, bleibst du an sie gefesselt. Vergebung macht dich frei. Hass wird nicht durch Hass besiegt, sondern durch Liebe.

25

Der Engel der Entspannung

BLEIBE IM JETZT UND FINDE ZU DIR

»Der Weg zu allem Großen
geht durch die **Stille**.«

Friedrich Wilhelm Nietzsche

In der Ruhe liegt die Kraft, daran möchte dich dieser Engel erinnern. Gerade in hektischen Phasen ist es wichtig, immer wieder kurz innezuhalten. Der Engel zeigt uns, wie wir loslassen und inmitten des Wandels in unserer Mitte bleiben können. Sobald wir verstehen, dass sich alles ständig wandelt und wir ohnehin nichts festhalten können, erkennen wir auch, dass die klügere Art zu leben darin besteht, uns zu entspannen. Durch Meditation können wir neue Einsichten gewinnen, frische Ideen entwickeln und dann bewusst handeln. Geben wir uns dem Strom des Lebens hin, werden uns Augenblicke zuteil, in denen wir eins werden mit allem, das ist und immer war.

In uns selbst fühlen wir in diesen kostbaren Momenten der Stille eine nicht versiegende Quelle der Kraft und Lebensfreude. So gestärkt können wir auch anderen beistehen. Menschen, die gut für sich selbst sorgen können, werden die Anwesenheit dieses Engels mitunter sogar spüren können. Vor allem dann, wenn sich unerträgliche Spannungen plötzlich auflösen, unerwartete Lösungen wie aus dem Nichts auftauchen und wir Dinge in kürzester Zeit schaffen, die uns sonst unendlich viel Zeit kosten. Sei gut zu dir!

Liebe

Ohne Liebe zu dir selbst kannst du andere nicht lieben. Und je friedlicher, je ausgeglichener du selbst bist, desto entspannter kannst du mit Beziehungsproblemen umgehen und Lösungen finden.

Glück

Manchmal müssen wir einfach stehen bleiben und eine Pause einlegen, damit uns das Glück wieder finden kann. Genieße die Stunden mit dir allein.

Erfolg

Die Kunst, in dir selbst zu ruhen, macht dich unangreifbar. Erfolgreich wirst du nicht dadurch, dass du möglichst viel in kürzester Zeit schaffst, sondern dadurch, dass du deine Kräfte in Ruhe bündelst.

Botschaft

Lasse los, was nicht mehr zu dir passt. Gönne dir bewusste Momente der Muße, der inneren Einkehr. In der Stille begegnest du deinem wahren Ich und kannst eintauchen in die Quelle deiner Kraft.

26

Der Engel der *Weisheit*

ERKENNE DEINEN PLATZ IN DER WELT UND DU BIST WEISE

»Ob ein Mensch klug ist, erkennt man an seinen Antworten. Ob ein Mensch **weise** ist, erkennt man an seinen Fragen.«

Nagib Mahfuz

Dieser Engel hilft uns dabei, zu erkennen, worauf es wirklich ankommt. Er schärft unseren Blick dafür, Wichtiges von Unwichtigem zu unterscheiden und sinnvolle Vorhaben zu realisieren. Durch den Wechsel deiner Perspektiven fällt es dir leichter, Lösungen für schwierige Aufgaben und Probleme zu finden. So ist er auch ein Engel der Erkenntnis und des Wachstums bis ins hohe Alter, der denen, die ihn anrufen, Schutz vor Gefahren und Verlusten bietet. Ferner ermöglicht er uns den Zugang zu dem wertvollen Wissen unserer Vorfahren, deren Weisheit wir für persönliche Belange nutzen können.

Durch diesen Engel werden dir unschätzbare Impulse vermittelt, die – falls du sie umsetzt – dein Leben enorm bereichern können. Achte in der nächsten Zeit auf seine Zeichen. Das können schicksalhafte Begegnungen sein. Aber auch Situationen und Ereignisse, die du als besonders intensiv erlebst, sind Botschaften deines Engels. Wann und mit wem fühlst du dich richtig gut? Gibt es Menschen, die dir merkwürdig vertraut sind, obwohl du sie kaum kennst? Was erfüllt dein Herz mit Freude? Beobachte dich selbst und deine Reaktionen. Höre auf deine innere Stimme der Weisheit.

Liebe

Willst du weise handeln, korrigiere deine Fehler, entschuldige dich und begegne deinem Gegenüber in Liebe. Tust du das nicht, begehst du einen weiteren Fehler.

Glück

Der Engel will dich darauf hinweisen, dass du das wahre Glück nie im Außen, sondern nur in dir selbst findest. Es ist nicht einfach, es dort aufzuspüren – aber es ist unmöglich, es anderswo zu finden.

Erfolg

Konzentration und Achtsamkeit sind die Basis der Weisheit. Wenn du so klug bist, Menschen so zu behandeln, wie sie sein könnten, wirst du sie besser und dir selbst das Leben leichter machen.

Botschaft

Echte Weisheit besteht darin, im Alltäglichen das Wunderbare zu erkennen. Wenn wir verstehen, wie gesegnet wir sind, und Dankbarkeit für das Geschenk des Lebens empfinden, sind wir weise.

27
Der Engel der
Geduld
ALLES KOMMT ZUM RICHTIGEN ZEITPUNKT ZU DIR

»Ich lerne es täglich, lerne es unter Schmerzen, denen ich dankbar bin: **Geduld** ist alles.«

Rainer Maria Rilke

Geduld ist eine Tugend weiser Menschen. Die Karte erinnert dich daran, dass es sich auszahlt, dein Verlangen zu zügeln. Wir wollen vieles sofort haben und lassen den Dingen oft zu wenig Raum, um sich in Ruhe entwickeln zu können. Geduld heißt nicht, alle Ungerechtigkeiten einfach passiv hinzunehmen. Geduld bedeutet, mit einer Haltung von Verständnis, Mitgefühl und innerer Ruhe zu agieren, statt überstürzt zu handeln. Geduld schärft unser Urteilsvermögen. Sie versetzt uns in die Lage, in Krisen gelassen zu bleiben und angemessen zu reagieren.

Dieser Engel appelliert an unser Mitgefühl, unsere innere Stärke. Wir lernen durch ihn, unsere Ressourcen sinnvoll für unsere Ziele einzusetzen. Kommen wir mit einer Arbeit nicht weiter, hilft er uns durchzuhalten und unser Tief zu überwinden. Am faszinierendsten ist jedoch seine Gabe, aus Feinden Verbündete zu machen – oder eine friedliche Trennung herbeizuführen. Mit diesem Engel an deiner Seite kannst du komplizierte Pläne umsetzen, langwierige Projekte in Angriff nehmen und dein volles Potenzial entfalten. Wichtig ist, dass du bei dir bleibst, dich nicht ablenken lässt und die volle Verantwortung für dein Tun übernimmst.

Liebe

Toleranz und Geduld adeln Beziehungen. Sie setzen Selbstdisziplin und Zurückhaltung voraus. In Krisen ist dir bewusst, dass du anders agieren könntest, doch du verzichtest darauf aus Liebe.

Glück

Das Glück ist mit denen, die nicht nur mutig Dinge beginnen. Vielmehr belohnt es jene, die geduldig durchhalten und nicht aufgeben, wenn es schwierig wird.

Erfolg

Diese Karte will dir sagen, dass es sich lohnt, geduldig zu beobachten, was in deiner Seele im Stillen geschieht. Denn du bist erfolgreich, wenn du bedacht, authentisch und selbstbestimmt handelst.

Botschaft

Falls du Probleme damit hast, dein Temperament zu zügeln oder zu warten, konzentriere dich zwei Minuten auf deine Atmung. Das erlaubt dir, angemessen zu reagieren, und bewahrt dich vor Schaden.

28

Der Engel der Suchenden

IN DIR FINDEST DU ALLES, WAS DU SUCHST

»Was du suchst,
ist das, **was** sucht.«

Franz von Assisi

Der innere Frieden ist das, was wir alle suchen. Mit Hilfe dieses Engels kannst du nicht nur ihn finden, sondern auch die Antworten auf all deine Fragen nach dem Sinn deines Lebens. Nach dem: Wer bin ich? Warum bin ich hier? Was ist meine Bestimmung? Fragen, deren Erforschung sich Menschen schon seit Jahrtausenden widmen. Vielleicht vermagst auch du nicht alle Geheimnisse deiner Existenz zu entschlüsseln, aber bei deiner Suche wirst du eines ganz sicher erkennen: Du bist nicht dein Körper. Du bist eine unsterbliche Seele. Du bist!

Der Engel hilft dir dabei, zu verstehen, dass du stets nur auf der Suche nach dir selbst warst. Auch wenn du glaubst, es sei die Freiheit, die Liebe oder das Glück – immer geht es in Wahrheit nur um dich. Doch aufgrund deiner Unwissenheit suchst du nach einer Lösung in der Welt der Gegensätze und Widersprüche. Sobald du das unbegrenzte Selbst jedoch in dir entdeckst und anerkennst, ist deine Suche beendet. Du beginnst, dir deine Erfahrungen, die du machen möchtest, selbst auszuwählen. Du erlangst die Meisterschaft deines Lebens. Genau dieses Geschenk möchte dir der Engel machen – sobald du dazu bereit bist.

Liebe

Dieser Engel macht uns mitfühlend. Wir tragen anderen nichts nach. Statt sie wegen ihrer Fehler anzuklagen und zu verurteilen, suchen wir nach dem, was uns mit ihnen verbindet: der Liebe.

Glück

Wenn wir die Verbundenheit mit unserem höheren Selbst fühlen, sind wir angekommen. Unser Suchen hört auf.

Erfolg

Deinen wahren Wert kannst du ermessen, wenn du dich selbst gefunden hast. Begibst du dich auf die Suche, wirst du unendliche Schätze in dir entdecken, mit dir selbst vertraut werden. Gibt es ein größeres Glück?

Botschaft

Du kannst die Wahrheit im Außen suchen. Doch du wirst wirkliche Erkenntnis nur in dir selbst finden. Bringe dein inneres Licht zum Leuchten und verstehe, wer du bist. Die Welt braucht dich.

29

Der Engel der *Leichtigkeit*

ALLES IST SCHWIERIG, BEVOR ES LEICHT WIRD

»Nehmt die Ereignisse des Lebens nicht zu ernst. Spielt eure Rolle im **Leben**, aber vergesst nie, dass es nur eine Rolle ist.«

Paramahansa Yogananda

Dieser Engel will dir dabei helfen, dich von emotionalem Ballast zu befreien und schon lange bestehende Konflikte zum Wohle aller Beteiligten zu lösen. Seine Themen sind Versöhnung und harmonische Beziehungen. Zu seinen besonderen Gaben zählt, zerstrittene Familien wieder zusammenzuführen, die Wogen bei Erbschaftsproblemen oder komplizierten familiären Konstellationen wieder zu glätten. So ist dieser Engel auch ein guter Friedensstifter. Feinde können unter seinem Schutz zu Freunden und Verbündeten werden.

Gleichzeitig will uns die Karte aber auch vor zu hoch gesteckten Erwartungen und Illusionen warnen. Es ist diesem Engel wichtig, dass wir unsere Kräfte einteilen, uns realistische Ziele setzen und dann handeln. Jeder von uns hat die Möglichkeit, ein harmonisches Leben in Leichtigkeit zu leben. Natürlich gibt es immer wieder turbulente Phasen, Zeitdruck und Auseinandersetzungen, dennoch ist dies alles kein Grund, die Leichtigkeit des Seins aus den Augen verlieren. Daran erinnert dich der Engel der Leichtigkeit. Er schärft deine Aufmerksamkeit für naheliegende Lösungen und zeigt dir den Weg zurück zur Sonnenseite des Lebens.

Liebe

Manchmal haben selbst diejenigen, die sich innig lieben, Probleme, einander zu verstehen. Gib nicht auf, klärt die Konflikte gemeinsam. Denk an das, was euch verbindet, nicht an das, was euch trennt.

Glück

Löse dich aus allen Verpflichtungen und Beziehungen, in denen Gefühle verletzt wurden. Es liegt kein Segen darauf

Erfolg

Lasse dich von Menschen, die dich von deinem Weg abbringen wollen, nicht aus dem Gleichgewicht bringen. Höre nicht auf Pessimisten und Zyniker. Konzentriere dich auf deine Aufgaben und auf die Lösung, die du suchst!

Botschaft

Oft machen wir uns das Leben schwer, indem wir uns auf Probleme konzentrieren. Wir könnten stattdessen nach Lösungen suchen. Konzentriere dich auf das, was dir guttut und funktioniert.

30

Der Engel der Würde

WELCHE WERTE BESTIMMEN DEIN LEBEN?

»Jeder Mensch ist ein Kind Gottes.
Das macht unsere **Würde** aus.«

(Martin Luther King jr.)

Du bist wertvoll. Einzigartig. Ein Geschenk. Das will dir diese Karte sagen. Es ist wichtig, dass du dir bewusst machst, dass du niemandem außer Gott dienen sollst. Wir erlauben anderen Menschen, uns für ihre Zwecke zu benutzen, uns zu manipulieren und zu ihrem Werkzeug zu machen. Dieser Engel will dich zurückführen zu dir, um dir deine Würde wiederzugeben und deine aufgewühlte Seele zu beruhigen. So ist er auch ein Engel der verbindenden Liebe, der Gegenwart und der Achtung Gottes.

Der Engel der Würde hilft, unzumutbare Forderungen zurückzuweisen und uns für die richtigen, uns würdigen Ziele mit Nachdruck zu engagieren. Denn er kann uns selbst unter den schwierigsten Bedingungen die Kraft verleihen, unsere Ängste zu überwinden und Gegner in ihre Schranken zu verweisen. Wenn wir mit ihm in Verbindung stehen, können wir unseren Blickwinkel verändern und Geschehnisse als wertvolle Lektionen dankbar betrachten. Dankbarkeit heißt nicht, zu allem »Ja« zu sagen, sondern unser Leben als Geschenk und Aufgabe anzunehmen. So bewahren wir unsere Würde und Integrität. Und können uns jederzeit im Spiegel in die Augen blicken.

Liebe

Grenzverletzungen sind auch in einer engen Beziehung nicht akzeptabel. Sprich offen an, was dir gefällt und was nicht. Mache klare Ansagen – halte nichts zurück aus Angst, den anderen zu verlieren.

Glück

Moral ist nichts Altmodisches. Stehe zu deinen Überzeugungen. Du kannst nicht glücklich sein, wenn du dich selbst und deine Werte verrätst.

Erfolg

Wir blicken auf zu Menschen, die sich gerade machen für das, was ihnen wichtig ist. Die ein Leben in Würde führen – in Einklang mit Werten wie Respekt, Vertrauen, Achtung, Liebe und Toleranz.

Botschaft

Wir haben die Wahl: Wir können uns anpassen und uns die Spielregeln unseres Seins von anderen diktieren lassen. Oder wir gehen in Würde unseren eigenen Weg. Leben so, wie wir es für richtig halten.

31

Der Engel der Freude

WAS DEIN HERZ BEGEISTERT, WEIST DIR DEN WEG

»Alles ist in uns selbst vorhanden,
wenn wir in uns gehen, und **wahrhaftig**:
Das ist die höchste Freude.«

Mengzi

Aus spiritueller Sicht lebt nur, wer liebt. Doch Liebe ist mehr als ein Gefühl, sie ist eine Lebenseinstellung. Der Engel der Freude möchte, dass wir verstehen, dass sie eine Berufung ist. Eine Entscheidung für die Liebe bedeutet, die gegebenen Möglichkeiten zu akzeptieren, uns zu kümmern und uns mit ganzem Herzen einzulassen. So ist dieser Engel auch ein Botschafter der Lebensfreude, der unser Bewusstsein dafür schärft, das Glück der Liebe mit anderen zu teilen. Wenn wir ihn bitten, hilft uns der Engel, spirituell zu wachsen. Er erfüllt unseren Geist mit Freude. Und er erinnert uns daran, uns selbst zu lieben wie unseren Nächsten.

Wir verdienen ein Leben in Freude. Letztlich ist die Freude, die wir in uns selbst entdecken, um sie dann mit anderen zu teilen, einer der schönsten Gründe für unsere Lebensreise. Eine Reise, bei der es auch darum geht, Spuren der Liebe zu hinterlassen. Der Beistand und die Unterstützung dieses Engels sind nicht immer schnell zu gewinnen, denn er erwartet von uns, dass wir bedingungslos in Freiheit lieben. Lieben um der Liebe willen. Ohne Erwartungen zu hegen. Mache dir immer wieder bewusst: Du bist liebenswert. Sage »Ja« zu dir und zur Liebe.

Liebe

Liebe umfasst alles: Partner, Familie, Freunde. Mit deinen Lieblingsmenschen kannst du deine Lebensfreude teilen und das Glück feiern, dass ihr euch habt.

Glück

Liebe leben zu dürfen, ist das höchste Glück. Lieben wir wahrhaftig, umfasst sie alle Geschöpfe. Wir sind in Einklang mit dem Universum und mit uns selbst.

Erfolg

Liebe ist die Entscheidung, dich um jemanden zu kümmern, ihn zu beschützen, dich einzulassen. Es bedeutet, dem Anderen zu begegnen. Und dieses bewusste Miteinander zeichnet dich als wirklich erfolgreichen Menschen aus.

Botschaft

Alles hat einen Sinn. Selbst wenn dieser uns zunächst verborgen bleibt, spüren wir, wenn wir unserer Bestimmung nah sind. Denn dann ist unser Tun durchdrungen von der Energie der Freude.

32

Der Engel der *Vollendung*

VERTRAUE AUF DIE KRAFT DER GUTEN TATEN

»Gib **Gott** deinen Mangel – er kennt keinen.«

Dorothee Sölle

Er ist ein Engel, der Trost spendet, uns in dunklen Lebensabschnitten aufmuntert und uns dann, wenn wir Gefahr laufen, unseren Glauben zu verlieren, auffängt. Ob in guten oder schlechten Zeiten – der Engel der Vollendung ist immer für uns da. Mehr noch: Er weckt in uns den Wunsch, uns spirituell weiterzuentwickeln und entfacht in uns das Feuer der wahrhaft Suchenden. Der Engel lehrt uns: Alles, was lebt, hat seine eigene Bestimmung. Und sobald wir diese kennen, gilt es, ihr zu folgen. Jede Blume besitzt einen eigenen Bauplan, ihr eigenes Programm, nach dem sie sich entwickelt.

Doch unser geheimer Lebensplan wird uns nicht auf wundersame Weise enthüllt – wir müssen uns selbst auf eine lange Forschungsreise nach ihm begeben. In den Tiefen unserer Seele werden wir Antworten finden. Auf die Spur bringen uns Wünsche, Leidenschaften, Hingabe. Alles, was uns mit Freude erfüllt, unser Herz vor Begeisterung höher schlagen lässt, weist uns den Weg zum für uns richtigen Tun und zu Menschen, mit denen wir gemeinsam wachsen können. Sind wir achtsam, werden wir die Zeichen erkennen. Und unsere persönliche Entwicklung vollenden können.

Liebe

Liebe findet ihre Vollendung in der Treue zum anderen und zu uns selbst. Treue beginnt immer im Geist. Sie ist ein heiliges Versprechen, das du dir selbst gibst.

Glück

Was bedrückt dich? Was belastet dich? Lasse heute allen Groll und Ärger los. Schließe wenigstens für einen Tag Frieden mit Gott, mit deinen Mitmenschen – und vor allem mit dir. Das befreit.

Erfolg

Wissen kann uns auf dem Weg zur Macht dienlich sein. Doch wenn es um die Vollendung unseres Seins, um das Leben unserer Bestimmung geht, ist Liebe der Schlüssel zum Erfolg.

Botschaft

Das Leben ist ein Spiel, das Freude bereiten soll. Wir dürfen experimentieren, suchen, finden. Am Ende geht es darum, dass wir die beste Version unseres Ichs gelebt haben. Genau das ist Vollendung.

Öffne dein Herz für deine Mitmenschen,
so wie es die Engel tun,dann wirst du
mit Wärme empfangen.

Ella Dumont

MEINE ENGELHAFTEN

Notizen

Bildquellenverzeichnis

S. 9: William Adolphe Bouguereau: Regina angelorum, 1900. Petit Palais, Paris.

S. 19: Alessandro Botticelli: Primavera, ca. 1482-1487. Galleria degli Uffizi, Florenz.

S. 28: Simone Martini: Orsini-Altar, Verkündigungsengel, 1333. Koninklije Museum voor Schone Kunsten van Belgie, Antwerpen.

S. 31: Giotto: Isaak segnet Jakob, ca. 1295. Kirche San Francesco, Assisi.

S. 32: Fra Angelico: Krönung Mariens, ca. 1430-1435. Galleria degli Uffizi, Florenz.

S. 35: Raffael: Sixtinische Madonna, 1512-13. Gemäldegalerie Alte Meister, Dresden.

S. 36: Alessandro Botticelli: Die Geburt der Venus, ca. 1485-86. Galleria degli Uffizi, Florenz.

S. 119: William Adolphe Bouguereau: Assault, 1898. Musée d'Orsay, Paris.

Karte 1 Giotto: Gottvater im Kreise von Engeln. Cappella degli Scrovegni, Padua.

Karte 2 Alesso Baldovinetti: Verkündigung, 1457. Galleria degli Uffizi, Florenz.

Karte 3 Benozzo Gozzoli: Angeli in adorazione. Palazzo Medici Riccardi, Florenz.

Karte 4 Fra Angelico: Verkündigung an Maria. Kloster von San Marco, Florenz.

Karte 5 Alessandro Botticelli: Die mystische Geburt, 1500. National Gallery, London.

Karte 6 François Gérard: Amor und Psyche, 1798. Louvre, Paris.
Karte Simone Martini: Verkündigung, 1333. Galleria degli Uffizi, Florenz.

Karte 8 Edward Burne-Jones: Engel, um 1860.

Karte 9 Jan van Eyck: Verkündigung. Detail aus dem Genter Altar, um 1432.

Karte 10 Raffael: Die Astronomie, 1508/09. Vatikanisches Museum, Rom.

Karte 11 Fra Angelico: Verkündigung Mariä, um 1432–33. Museo Diocesano, Cortona.

Karte 12 Elihu Vedder: Die Schale des Todes, 1885. Virginia Museum of Fine Arts, Richmond.

Karte 13 Fra Angelico: Das jüngste Gericht. Museo di San Marco, Florenz.

Karte 14 Giotto: Ognissanti-Madonna, Kniender Engel. Galleria degli Uffizi, Florenz.

Karte 15 Carlos Schwabe: Der Tod des Totengräbers, 1895–1900. Musée du Louvre, Paris.

Karte 16 Evelyn de Morgan: Tobias and the Angel.

Karte 17 Fra Angelico: Pala di Santa Trinità. Museo di San Marco, Florenz.

Karte 18 Fra Angelico: Der auferstandene Christus und die Marien am Grab. Kloster San Marco, Florenz.

Karte 19 Alessandro Botticelli: Trinität mit Maria Magdalena, Johannes dem Täufer und Tobias mit dem Engel. Courtauld Institute Galleries, London.

Karte 20 Leonardo da Vinci: Verkündigung, um 1473–75. Galleria degli Uffizi, Florenz.

Karte 21 Fra Angelico: Thronende Maria mit dem Kind und acht Engeln. Altarbild in der Kirche San Domenico in Fiesole.

Karte 22 Niccolò Dell'Abbate: Engel um 1571. Galleria degli Uffizi, Florenz.

Karte 23 Giovanni Battista Tiepolo: Abraham erscheinen die drei Engel, 1720–1729. Palazzo Patriarcale, Udine.

Karte 24 Andrej Rublev: Heilige Dreifaltigkeit, 1411. Tretjakow-Galerie, Moskau.

Karte 25 Albrecht Dürer: Laute spielender Engel, Detail aus dem Rosenkranzfest, 1506. Národní Galerie, Prag.

Karte 26 Frederick Judd Waugh: The Knight of the Holy Grail. National Museum of American Art, Washington.

Karte 27 Giotto: Die Hoffnung, 1302–1305. Cappella degli Scrovegni, Padua.

Karte 28 Botticelli: Verkündigung, 1481. Galleria degli Uffizi, Florenz.

Karte 29 Jacope da Pontormo: Verkündigungsengel, 1527–28. Capponi-Kapelle, Santa Felicità, Florenz.

Karte 30 Giotto: Verkündigung an Maria. Cappella degli Scrovegni, Padua.

Karte 31 Giotto: Der Traum Joachims, 1302–1305. Cappella degli Scrovegni, Padua.

Karte 32 Ferdinand Bol: Jakobs Traum, 1604. Staatliche Kunstsammlung, Dresden.

Engel-Karten

bei

KÖNIGSFURT-URANIA

Klassische Engelmotive von bekannten Künstlern
Jetzt auch erhältlich in der vergrößerten
und edlen Deluxe-Ausgabe

32 Engelkarten im Format 95 x 138 mm, in einer schönen und
stabilen Aufbewahrungsbox sowie mit farbigem Booklet.

Deluxe-Größe (95 x 138 mm)
EAN 42503751-0231-1

Bisher erhältlich in
der Pocketausgabe:
Karten im Format 59 x 91 mm,
in einer Faltschachtel.

Pocket-Größe (59 x 91 mm)
ISBN 978-3-89875-841-3